神社のどうぶつ図鑑

監修 茂木貞純
國學院大學神道文化学部教授

二見書房

目次

第壱章 陸の生き物

第弐章

水辺の生き物

第参章 空の生き物

第肆章 霊的な生き物

もっと知りたい！ 動物の話

※掲載内容は2018年10月現在のものです。
※各神社データのご祭神はスペースの都合上一柱のみ記載しています。交通情報に記載した分数は目安です。
※本文中に登場する神名は『日本書紀』に、欄外の神名は各神社の呼称に準じています。

まえがき

稲荷神社の狐、日枝山王社の猿、春日大社の鹿、天神さまの牛、多くの神社の狛犬、さらに神馬など神社と動物との関わりは深い。

神社の境内に見る当たり前の光景である。

狛犬事典があるくらいだから、一口に狛犬と云っても、色々な形、材質、大きさがあり、ずいぶんと種類が多い。

そんな神社と動物や霊獣との関わりに関心を持ち、全体を把握して、意味を考えてみようというのが、本書企画の出発点である。

神社と動物・霊獣を調べて行くと、想像以上に多数に上ることが分かり、驚くばかりである。私たちの身近にいる動物のほとんどが、神社と関わりがあると言ってもよいだろう。

それぞれの神社の由緒や祭神との関係から、関わりのある動物は当然ながら異なっていて、その関連を本書の解説で知ることができる。

先祖が日本列島で長い間生活をし、豊かな社会を築いてくる中で経験したことが、そこには反映されている。

人々は神社に祈りながらこの社会を作り上げてきた。その生活史が浮かび上がって来るのだ。

今年の夏は、記録的な猛暑で豪雨や強い台風もあり、加えて地震の被害など、改めて災害の多い島国であることを実感した。

神社は、深い鎮守の森の中にあり、モリは神社に不可欠のもので、自然の中に神々を祭ってきた形を、現代社会によく伝えている。

厳しい自然災害が頻発する中で、清らかな鎮守の森を維持することは本当に難しいことだった。そこに生きた小動物たちも、神に連なる形で崇められ、神社特有の風景を創って来たのだ。

猛威を振るう自然、豊かな恵みをもたらす自然、どちらも真実でその自然と日本人は共存してきた。

春に豊作を祈り、秋に豊作に感謝する祭りを続けて来た。

そして豊作の喜びは、楽しい祭礼の中に生きていた。

しかし、台風や地震は一晩で豊作を無にしてしまう。

昔の人々の祈りの深さがどれほどのものであったか、想像もつかない。かすかな兆候にも心を動かしたに違いない。

小動物たちは物言わぬ自然と人との間を取り持つ役割を持ったのかもしれない。

『神社のどうぶつ図鑑』をひもとき多数の動物・霊獣の由来を知り、自然と共存してきた先祖の知恵にも学んでほしい。

そして、物言わぬ神々の声に耳を澄まして欲しい。

平成三十年十月吉日　茂木貞純

どうして神社に動物がいるのか？

動物は神の使い

神社を訪れると、狛犬やキツネ、サルなど、じつに様々な動物の像を見ることができる。どうして動物がいるのか、不思議に感じた人も多いだろう。

これらの動物は、神に仕えるものであると考えられており、神使《しんし》、あるいは眷属《けんぞく》という。

神使の像が神社に置かれるのは、そもそも日本の神々がその姿を人前に現わさないためだ。そこで、神にゆかりのある動物が、代理として神の意志を人々に伝えると考えられたのである。

神社によって神使とする動物は様々。哺乳類から魚類、爬虫類、鳥類、はては想像上の霊獣に至るまで、じつに多岐にわたる。

水の神の使い

河川や湖沼などに棲息する動物は、水稲耕作に不可欠な水を司る神の使いとして信仰された。

特別な霊力を持つ動物たち

古来、日本人は自然の働きのなかに神の姿を見出し、自然の恵みを神からの授かり物と考えた。

その信仰の表われとして行なわれてきたのが、様々な祭りである。

豊作や豊漁、豊猟などを山の神、川の神に祈願し、そのご利益に感謝を捧げた。

ただ、神の姿は目には見えなかった。そこで人々は、山や川などに棲息する身近な動物が、神と人との仲立ちをすると考えた。

もともと日本人は、人間にはない能力を持つ動物を神聖視し、特別な霊力を持つ生き物として崇拝してきた。そのような動物の行動や鳴き声などから、神の意志を感じ取ったのである。

鉱山の神の使い
姿が鉱脈に似ているムカデは、鉱山の神の使いとされた。
ムカデ
山
山の神の使い
山に棲息する動物は、人々に山の幸を与えてくれる山の神の使いであると考えられた。
タカ
サル
シカ
イノシシ
カラス
キツネ
カエル
田
農耕の神の使い
農耕に使役されるウシやウマ、春に山から里に降りてくるキツネ、田に棲息するカエルなどは、豊穣をもたらしてくれる農耕の神の使いと考えられた。
ウシ
ウマ

第壱章

陸の生き物

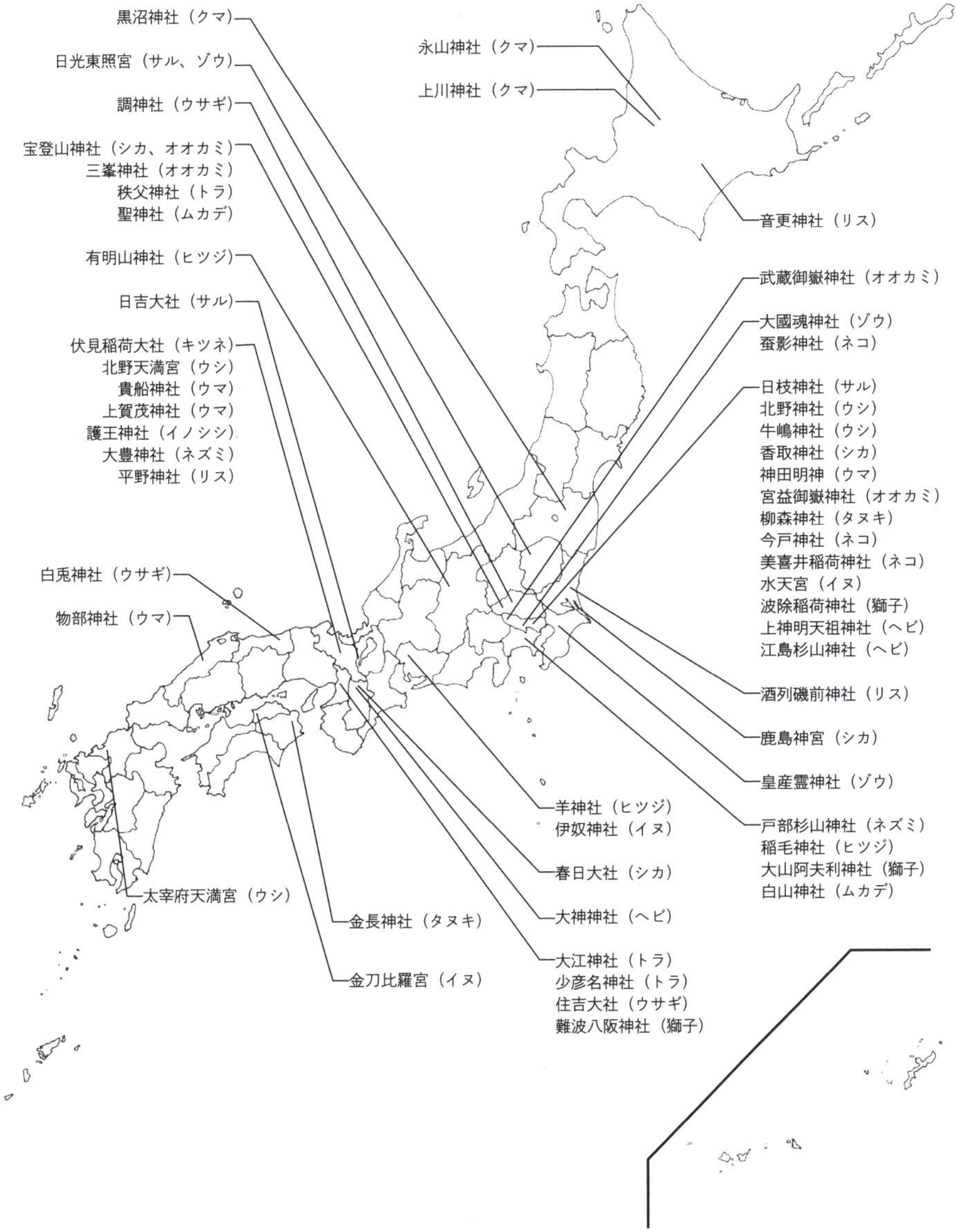
黒沼神社（クマ）
日光東照宮（サル、ゾウ）
調神社（ウサギ）
宝登山神社（シカ、オオカミ）
三峯神社（オオカミ）
秩父神社（トラ）
聖神社（ムカデ）
有明山神社（ヒツジ）
日吉大社（サル）
伏見稲荷大社（キツネ）
北野天満宮（ウシ）
貴船神社（ウマ）
上賀茂神社（ウマ）
護王神社（イノシシ）
大豊神社（ネズミ）
平野神社（リス）
白兎神社（ウサギ）
物部神社（ウマ）
太宰府天満宮（ウシ）
金長神社（タヌキ）
金刀比羅宮（イヌ）
永山神社（クマ）
上川神社（クマ）
音更神社（リス）
武蔵御嶽神社（オオカミ）
大國魂神社（ゾウ）
蚕影神社（ネコ）
日枝神社（サル）
北野神社（ウシ）
牛嶋神社（ウシ）
香取神社（シカ）
神田明神（ウマ）
宮益御嶽神社（オオカミ）
柳森神社（タヌキ）
今戸神社（ネコ）
美喜井稲荷神社（ネコ）
水天宮（イヌ）
波除稲荷神社（獅子）
上神明天祖神社（ヘビ）
江島杉山神社（ヘビ）
酒列磯前神社（リス）
鹿島神宮（シカ）
皇産霊神社（ゾウ）
戸部杉山神社（ネズミ）
稲毛神社（ヒツジ）
大山阿夫利神社（獅子）
白山神社（ムカデ）
羊神社（ヒツジ）
伊奴神社（イヌ）
春日大社（シカ）
大神神社（ヘビ）
大江神社（トラ）
少彦名神社（トラ）
住吉大社（ウサギ）
難波八阪神社（獅子）

豊穣をもたらす神の使い

キツネ

山から降りてきたキツネ

京都府に鎮座する伏見稲荷大社をはじめ、稲荷神社の境内では眷属《けんぞく》像（キツネの像）と出会うことができる。このキツネは、稲荷神社の祭神で食物を司る神・宇迦之御魂大神《うかのみたまのおおかみ》（稲荷神）の使いである。キツネが稲荷神の使いとされるのは、田の神信仰と深く関わっている。キツネは山と里の中間の里山に棲み、人里で目撃されることが多かった。古来、豊穣をもたらす山の神は里へ降りると田の神・稲荷神になると信じられていたことから、いつしかキツネは稲荷神の使いと考えられるようになったともいう。また、キツネの毛並みの色、尻尾が稲穂を想起させることにちなむともいわれる。

主なご利益

五穀豊穣
商売繁昌
諸願成就

ココで会える

伏見稲荷大社（京都）
全国の稲荷神社

【眷属像の特徴】

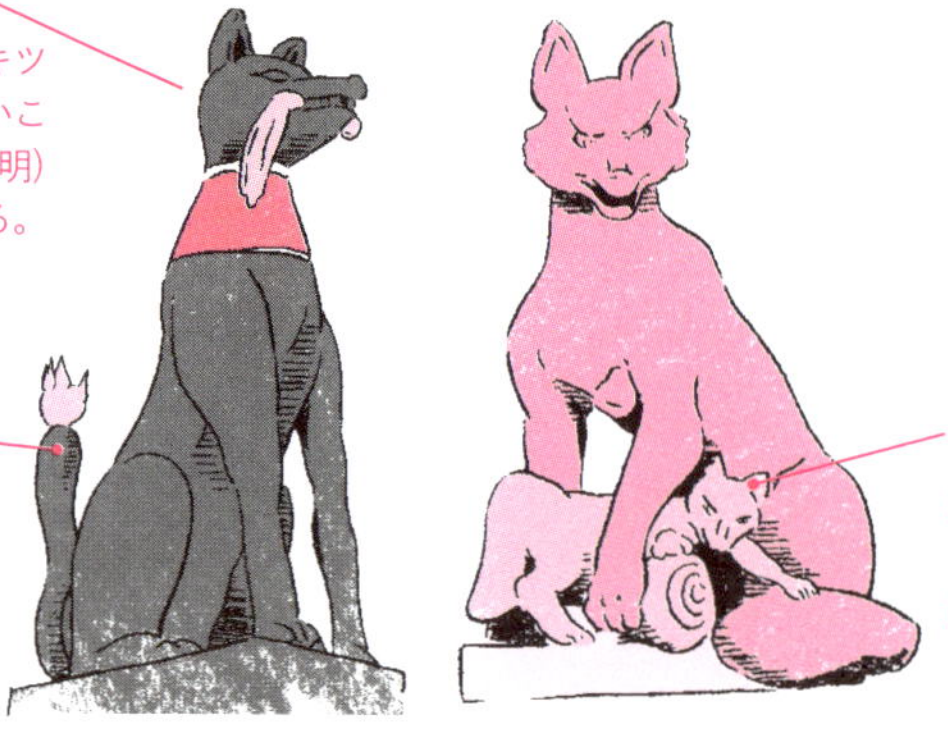

キツネも阿吽
狛犬（p114）同様、阿吽の形で表わされることもある。

白狐＝透明
神の使いであるキツネは姿が見えないことから、白狐（透明）として崇められる。

稲穂の象徴
尾は稲穂を象徴。大きめに表現されることが多い。

子宝・安産
足元に子ギツネを配した像も。子宝・安産のご利益がある。

Point くわえる物によってご利益が異なる！

神社に置かれた眷属像をよく見ると、様々な物を口にくわえている。それらには、像を奉納した崇敬者の願いが込められている。

鍵

稲蔵の鍵。富貴、豊穣を意味する。

稲穂

五穀豊穣を表わす。

玉

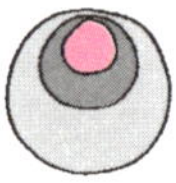

宝珠を表現している。

巻物

知恵を象徴する。

神社DATA
伏見稲荷大社▶京都府京都市伏見区深草藪之内町68／祭神：稲荷大神／創建：和銅年間／交通：奈良線稲荷駅からすぐ

【稲荷神社の総本宮・伏見稲荷大社のキツネ】

伏見稲荷大社（京都）の境内には、数え切れないほど多くの眷属像がある。その種類も様々だ。

眷属像の水口

眼力社にある躍動感に溢れた青銅製の眷属像。1898年、大阪城のシャチホコをつくった鋳物師・今村久兵衛により設置。

一対となった眷属像

千本鳥居の近くにある。制作年代も奉納の意図もわからないが、「献燈」という文字から、燈篭として奉納されたものと見られている。近年はキツネがつくる輪に賽銭を投げ入れ、運試しをする人が増えており輪の中に入れば願いが叶うという。

豆知識

キツネの授与品

王子稲荷神社の暫（しばらく）狐。九代目・団十郎が「暫」上演前に王子稲荷に祈願し、大成功したことにちなんで参拝土産になったと伝わる。

花園稲荷神社の鉄砲狐。今戸焼の土人形。

参詣者を出迎える眷属像

伏見稲荷大社の入口には、阿・吽の2頭の眷属像。左側の「吽」形のキツネは巻物をくわえ、右の「阿」形は玉をくわえる。

Close up!

王子狐の行列

王子稲荷神社（東京）には、大晦日の晩、関東中から集まったキツネが大きな榎《えのき》の下で装束に着替えて参詣したという伝承が残る。その大榎は道路拡張の際に切り倒されたが、その付近に装束稲荷神社が建立された。

【稲荷神社のキツネたち】

日本全国に3万社以上鎮座している稲荷神社には様々な眷属像がある。

黄金のキツネ

武蔵野稲荷神社（東京）の随神門には、黄金色に彩られたキツネと稲穂が彫刻されている。

狐塚

笠間稲荷神社（茨城）の本殿裏には、願いが成就した参詣者が奉納した無数の眷属像が置かれた狐塚がある。

神社DATA

武蔵野稲荷神社▶東京都練馬区栄町10-1／主祭神：宇迦之御魂神／創建：不詳／交通：西武池袋線江古田駅より徒歩2分　**笠間稲荷神社**▶茨城県笠間市笠間1番地／主祭神：宇迦之御魂神／創建：651年／交通：水戸線笠間駅より徒歩20分

山に棲まう魔除けの象徴

サル

害を避けるために神の使いへ？

比叡山の麓に鎮座する日吉《ひよし》大社（滋賀）では、サルを神使として崇めている。比叡山には古くから、多くのサルが棲息していたが、里へ降りては田畑の作物を荒らすなどの狼藉を働くことがしばしばあったという。そこで人々は猿害を避けるため、日吉大社の祭神であり、比叡山の地主神でもあった大山咋神《おおやまくいのかみ》の使いとして逆に敬うようになったといわれる。

こうして大山咋神の使いとなったサルは「神《ま》猿《さる》」と呼ばれ、いつしか厄を去る魔除けの象徴として信仰を集めるようになった。京都御所や大名屋敷などに鬼門除けのサルが置かれているのは、こういった理由による。

主なご利益

厄除け
魔除け
勝運

ココで会える

日吉大社（滋賀）
日枝神社（東京）
全国の山王系の神社

【都を「魔」から守ったサル】

赤山禅院のサル

赤山禅院（京都）拝殿の屋根に置かれ、平安京の表鬼門を守護。金網に閉じ込められているのは夜ごといたずらを繰り返したためと伝えられる。

【京都御所のサル】

日吉大社の使い

京都御所の表鬼門を守るため、日吉大社から派遣された。江戸初期の名工・左甚五郎の作と伝えられる。赤山禅院のサルと同じく夜な夜な遊びに出かけたため金網のなかに閉じ込められている。

Point 日吉大社と神猿

全国に約3800存在する日吉神社の総本宮である日吉大社では、境内の至るところで「神猿」を見ることができる。西本宮楼門にはいろんなポーズで屋根を支える「棟持猿（むなもちざる）」がいる。

神社DATA **日吉大社**▶滋賀県大津市坂本5-1-1／主祭神：日吉大神／創建：崇神天皇7年／交通：京阪石山坂本線坂本駅より徒歩10分

【縁を結ぶ日枝神社の夫婦神猿像】

日枝《ひえ》神社（東京）の歴史は、15世紀、太田道灌が武蔵国川越の山王権現を江戸城内に勧請したことに始まる。山王権現にちなみ、境内には多くの神猿像を見ることができる。

社殿左側には子を胸に抱く母猿像。子宝、安産などのご利益がある。

社殿右側には烏帽子をかぶったオスの神猿像。夫婦円満、家内安全などのご利益がある。

豆知識 サルの授与品

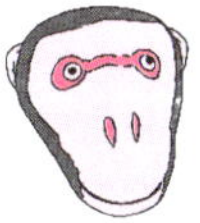

猿田彦神社（福岡）の猿面は玄関の壁に掛けると災難を除け幸福を招くといわれる。博多人形の職人の手作り。

萩日吉神社（埼玉）の木製の神猿。毎年1月第3日曜日に授与される。病や厄を退けるといわれている。

【不老長寿の桃を持つサル】

桃は古くから病気を防ぐ「不老長寿の食べ物」とされてきた。そんな桃とサルは縁起のいい組み合わせということで、筑土八《つくどはち》幡《まん》神社（東京）などに像が置かれている。

Close up! サルにまつわるいろいろ

古くから日本人とサルとは密接な関係にあり、すでに縄文時代の遺跡からサルの骨や、サルをかたどった土製品が出土している。また、多くの神社においてもサルをあしらった彫刻を見ることができる。

日光東照宮（栃木）の三猿

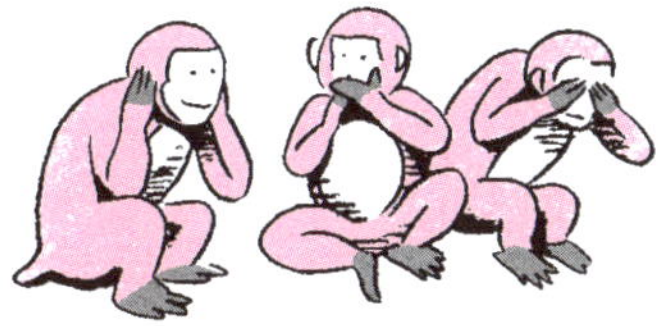

「見ざる、聞かざる、言わざる」は孔子の『論語』に由来するといわれ、平安時代に仏教とともに日本に伝来したとされる。

石清水八幡宮（京都）の目貫の猿

左甚五郎の作と伝えられる。夜な夜な彫刻から抜け出して人々に悪さを働いたため、右目に釘を刺されて封じられたという。

神社DATA 日枝神社▶東京都千代田区永田町2丁目10-5／主祭神：大山咋神／創建：不詳／交通：千代田線赤坂駅より徒歩3分

「撫で牛」で知られる天神の使い

ウシ

なぜウシは菅原道真公の使いに？

古来、日本人にとってウシは重要な家畜だった。古代には中国の影響で、豊作や降雨を祈るために生贄として神前に捧げられた。その後、仏教の影響で殺生を忌《い》むようになると、主に農耕や荷物の運搬を担う役牛となった。

ウシが菅原道真《すがわらのみちざね》公を祀る神社の使いとなったのは、道真公の生没年が丑年であったことにちなむという。また延喜3年に太宰府で没した道真公の「我が遺骸は牛の赴く所にとどめよ」という遺言に従って牛車で遺骸を運んだところ、突然牛が座り込んで動かなくなったので、付近の安楽寺に埋葬した。この故事にちなみ、ウシが道真公の使いとなったともいわれる。

主なご利益

五穀豊穣
病気平癒
心願成就

ココで会える

北野天満宮（京都）
太宰府天満宮（福岡）
全国の天神社

【北野天満宮の神牛】

北野天満宮では祭神・菅原道真公の神使であるウシ像を境内の至るところで見ることができる。

一願成就のお牛さん

平安京から見て北西（乾）の方角に鎮座する北野天満宮の境内でも、乾の方角は聖地とされてきた。そこに鎮座しているウシ像はとくに力を秘めていると考えられ、「一願成就のお牛さん」として信仰されてきた。いつ頃から置かれているのかは不明。撫でると、願いが1つ叶うといわれる。

赤目の臥牛像

数ある臥牛（がぎゅう）像のなかで楼門近くにある像は目が赤く彩られている。これは、主人である菅原道真公を瞬きもせずに待っていることを象徴したもの。

豆知識 ウシの授与品

岩津天神（愛知）で授与される菅原道真公が牛に乗った土人形。

神社DATA

北野天満宮▶京都府京都市上京区馬喰町／主祭神：菅原道真公／創建：947年／交通：京福電車白梅町駅より徒歩5分　**太宰府天満宮**▶福岡県太宰府市宰府4丁目7-1／主祭神：菅原道真公／創建：919年／交通：西鉄電車太宰府駅より徒歩5分

【病気を癒す撫で牛信仰】

菅原道真公を祀る天神社の境内には、多くの撫で牛像が置かれている。いつしか、撫で牛像の体を撫でると病気が平癒すると考えられるようになった。

古来、日本人はあらゆるものから神のご利益を授かろうとしてきた。ウシは菅原道真公の使いであり、また足腰や力が強い動物であることから、そのご利益を得るべく、牛の体を撫でる習慣が生まれたのではないかといわれる。

多くの人に撫でられるため、表面に光沢が見られる像が多い。

豆知識　なぜウシは横たわる？

天神社の境内に安置されているウシ像の多くは、横たわった姿をしている。これは、菅原道真公の遺骸を太宰府から京へ運ぶ途中、牛が座り込んで動かなくなった故事に由来するとされる。

Close up!　天神由来ではないウシ像

牛嶋神社（東京）のウシ像は、古代、この辺りにあった国営牧場にちなむという。また、神社の主祭神である素戔嗚尊《すさのおのみこと》は牛頭《ごず》天王《てんのう》と同一視されており、古くからウシとの関わりが深い神社だった。

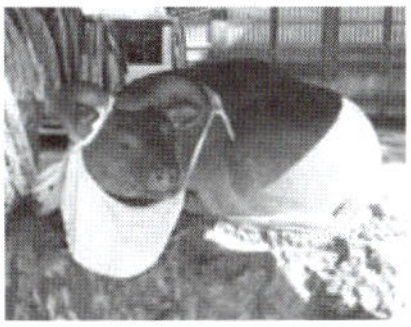

境内にある撫で牛像は、1825年頃に奉納されたものだと伝わる。

【願いが叶う撫で岩】

北野神社（東京）の境内には、撫でると願いが叶う「撫で岩」がある。

鎌倉時代、源頼朝がこの岩で休憩を取ったとき、夢のなかにウシに乗った菅原道真公が現われ、「2つの喜びがある。武運満足後は必ず社を営み報いよ」と告げた。果たして頼朝は平家を退けて国内を平定。これに感謝した頼朝は太宰府天満宮から神霊を勧請し、この岩をご神体として北野神社を創立したという。

岩の凹凸が、どことなく牛の顔に見える。左側の口元から体を撫で、願掛けをすると願いが叶うといわれる。

神社DATA　**北野神社**▶東京都文京区春日1-5-2／主祭神：菅原道真公／創建：1184年／交通：後楽園駅・春日駅・飯田橋駅より徒歩10分　**牛嶋神社**▶東京都墨田区向島1-4-5／主祭神：須佐之男命／創建：860年／交通：都営浅草線本所吾妻橋駅より徒歩3分

神聖な角を持つ神の乗り物

シカ

白いシカに乗ってきた祭神

シカといえば、奈良公園を思い浮かべる人が多いだろう。園内を悠然と歩くシカは古来、春日大社（奈良）の神の使いとして大切に保護されてきた。

春日大社の社伝によると、神社の創始にあたり、祭神として迎えた常陸国（現・茨城県）鹿島神宮の武甕槌神《たけみかづちのかみ》が白いシカに乗って春日山にやってきた。以降、この地のシカは神の使いとして崇められるようになったのだという。

オスのシカは、他の動物とは異なり、角が毎年生え替わるという特徴を持つ。古代の人々はそれを神聖な力の象徴として捉え、シカに崇敬の念を抱くようになったのだと伝わる。

主なご利益

五穀豊穣
厄除け
交通安全

ココで会える

春日大社（奈良）
鹿島神宮（茨城）
香取神社（東京）
宝登山神社（埼玉）

【神鹿に乗って降臨した武甕槌神】

角は再生の象徴

シカのオスの角は毎年落ちては生え替わることから、再生の象徴であるとして神聖視された。

武甕槌神とは？

雷神。日本神話において、伊弉諾尊（いざなぎのみこと）が火の神を斬り殺したとき、剣のつばに付着した血から生じたとされる。大国主神（おおくにぬしのかみ）に国譲りを承諾させたり、神武天皇の東征を手助けしたりした。

白色の神鹿

武甕槌神が鹿島神宮から春日の地へ訪れる際、白鹿に乗ってやってきたことから、春日大社ではシカを神の使者として崇めている。

豆知識　神聖視された奈良のシカ

古来、奈良のシカは人々から崇められてきた。平安時代、春日大社に参詣した貴族はシカに出会うと吉祥だと喜び、なかには牛車から降りて礼拝する者もいたという。戦国時代には、織田信長がシカ殺しを密告した者に賞金を与えたという逸話も残る。

神社DATA
春日大社▶奈良県奈良市春日野町160／主祭神：天児屋根命／創建：768年／交通：奈良交通バス「春日大社本殿」からすぐ　**鹿島神宮**▶茨城県鹿嶋市宮中2306－1／主祭神：武甕追大神／創建：紀元前660年／交通：鹿島線鹿島神宮駅より徒歩10分

【神鹿に会える神社】

春日大社をはじめ、古来、シカを神の使いとして崇めてきた神社の境内では、実際に神鹿と触れ合えるところもある。

春日大社（奈良）

境内の鹿苑では、病気やケガをしたシカの治療を行なったり、妊娠中のシカを保護したりしている。毎年初夏には、生まれたばかりの子ジカが特別公開される。また、秋には角きりが行なわれる。江戸時代から続く伝統行事だ。

鹿島神宮（茨城）

古くは神鹿が境内を自由に往来していたというが、江戸時代以降、捕獲され、ほとんどいなくなったという。現在の鹿園は1958年、春日大社と神田明神（東京）から神鹿を譲り受けつくられたもの。約20頭の神鹿が飼育されている。

香取神社（東京）

20年ほど前に、香取神宮（千葉）からつがいのシカを譲ってもらったことを契機として、神社でシカを飼うようになったという。現在のシカは3代目。シカに会うと幸運がもたらされると言われる。

【シカの皮を被った孝行息子】

宝登山神社（埼玉）をはじめ、神社のなかには古代中国の教訓書『二十四孝』の一節「鹿乳奉親」を彫刻に採用しているところがある。中国周代の頃、郯子（たんし）という青年が両親の目の病気を癒すため、シカの皮を被ってシカの群れに紛れて乳を採り、両親に与えたという孝行物語だ。

Close up! 奇祭・御頭祭

毎年4月15日、諏訪大社上社（長野）では、御頭祭《おんとうさい》という奇祭が行なわれる。五穀豊穣や、狩猟の成功と感謝を山の神に捧げる儀式だ。
古来、山間部では山で獲れた動物を神の恵みとして神前に供え、それからいただくという風習があった。それを受け継ぐ神事である。昔は血のしたたるシカの頭を75頭も供えていたというが、現在は剝製のシカの頭が3頭供えられる形で行なわれている。

【紅葉とシカのルーツ】

古来、シカは紅葉鳥と呼ばれた。晩秋、求愛のために鳴くオスジカの声が鳥の声のように聞こえたことが由来だという。シカと紅葉は秋の情景として親しまれ、『万葉集』や『古今和歌集』にも秋の歌にシカが登場する。神社の拝殿でシカと紅葉の彫刻が見られるのは、これにちなむものである。

神社DATA
香取神社▶東京都江戸川区中央4丁目5-23／主祭神：經津主命／創建：665年／交通：総武線亀戸駅より徒歩10分　**宝登山神社**▶埼玉県秩父郡長瀞町長瀞1828／主祭神：神日本磐余彦尊／創建：110年／交通：秩父鉄道長瀞駅より徒歩10分

神の願いを届ける

ウマ

祈雨・止雨の祈願

古代、日本ではウマを神の乗り物として神聖視してきた。そのため神に願いを届ける際には、生きたウマを捧げるというならわしがあった。

とくに降雨、止雨を願う際に神馬が献上された。降雨を願うときには「雨雲」を象徴する黒馬、止雨を願うときには「太陽」を象徴する白馬を奉納するのが常だった。

貴船《きふね》神社（京都）の境内にある二頭の神馬像は、この故事に由来するものだ。貴船神社の祭神・高龗神《たかおかみのかみ》は雨水を守護する神と信仰されたことから、平安時代、天皇はしばしば勅使を派遣して馬を奉納し、祈雨・止雨の祈願を行なったのである。

主なご利益

五穀豊穣
祈雨・止雨
諸願成就

ココで会える

貴船神社（京都）
上賀茂神社（京都）
神田明神（東京）
物部神社（島根）

【貴船神社の神馬像】

黒馬
雨を祈るときは黒毛の馬が奉納された。黒いウマを描いた絵馬で代用されることもあった。

白馬
止雨、晴天を祈るときに奉納される。絵馬の場合は白いウマが描かれた。

豆知識
絵馬の発祥

古代、雨乞い・止雨を願う際は生き馬が献上されたが、平安時代中期になると、土や木でできたウマ形の像が代わりに用いられた。やがてそれらが簡略化され、神馬の姿を額に描いた絵馬が奉納されるようになった。

神社DATA
貴船神社▶京都府京都市左京区鞍馬貴船町180／主祭神：高龗神／創建：不詳／交通：京都バス「貴船」より徒歩5分　**上賀茂神社**▶京都府京都市北区上賀茂本山339／主祭神：賀茂別雷大神／創建:678年／交通：市バス「上賀茂神社」からすぐ

【現役で活躍している神馬】

ウマは神使であるため、古来、神社で飼養されてきた。現在も神事の際に活躍する。

神山号（上賀茂神社・京都）

20歳で引退

神に仕えている間に命を落としてはならないとされることから、神馬は20歳頃に引退。新しい神馬へと引き継がれる。

芦毛

神馬は白毛でなければ務まらないことから、芦毛の馬のみが選ばれる。

神事で活躍

毎年1月7日に行なわれる白馬奏覧神事の際、神前に曳かれて大豆を食べる。年初に白馬を見ると、その年の邪気が祓われるという平安時代由来の神事だ。平時は京都産業大学馬術部に委託されている。

神幸号（神田明神・東京）

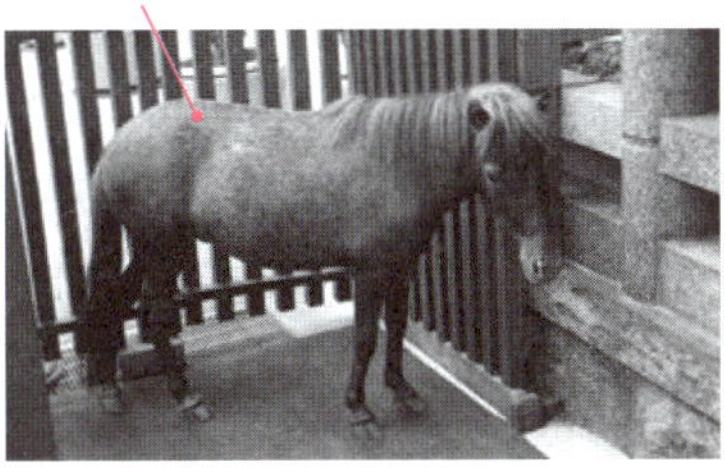

芦毛のポニー

神幸号は、2010年5月15日に生まれた芦毛のメスのポニー。同日が神田明神大祭日にあたる縁で、2011年、神馬として奉納された。

神田祭では見物客を魅了

普段は境内にいるが、神田祭の神幸祭では、花車を引き、神輿を先導する。

Close up! ウマとサル意外な関係

古代インドや中国では、サルはウマの守り神であると信仰された。古墳時代、ウマとともにその信仰も日本に伝わり、厩舎にサルの像を置くと、ウマが病気にならないと信じられた。

【名馬を模した神馬像】

物部《もののべ》神社（島根）の境内には、競走馬パーソロンをモデルとした像がある。

パーソロンはアイルランド生まれの競走馬。種牡馬としてシンボリルドルフやメジロアサマなどの名馬を輩出するなど、日本競馬の発展に寄与した。馬主の和田共弘氏が物部神社の氏子だった縁で、銅像が奉納された。

神社DATA

神田明神▶東京都千代田区外神田2-16-2／主祭神：大己貴命／創建：730年／交通：御茶ノ水駅より徒歩5分　**物部神社**▶島根県大田市川合町川合1545／主祭神：宇摩志麻遅命／創建：513年／交通：石見交通バス「物部神社」からすぐ

豊穣をもたらす山の神の化身
イノシシ

祭神のピンチに駆けつける

古代日本にあって、山に棲息するイノシシはシカと並ぶ狩猟獣のひとつであり、神が与えてくれた大切な恵みと考えられた。そこから、イノシシは山の神そのもの、あるいは山の神の乗り物として崇められてきた。

奈良・平安期に活躍した公卿・和気清麻呂《わけのきよまろ》公を祭神とする護王神社（京都）では、そんなイノシシを神の使いとしている。奈良時代、清麻呂公が僧・道鏡《どうきょう》の皇位を簒奪しようとする野望をくじいて大隅国《おおすみのくに》（現・鹿児島県）への流罪に処せられたとき、突如現れた３００頭ものイノシシが足を痛めた清麻呂公を守りながら宇佐八幡宮（大分）へと案内した故事にちなむと伝わる。

主なご利益

五穀豊穣
病気平癒
心願成就

ココで会える

護王神社（京都）

【社殿を守る狛イノシシ】

護王神社をはじめ、和気清麻呂公を祭神とする神社では神使・イノシシ像が守護者の役割を果たす。

狛イノシシも「阿・吽」形

狛犬同様、狛イノシシは阿・吽形で表わされる。向かって右側が阿形、左側が吽形。

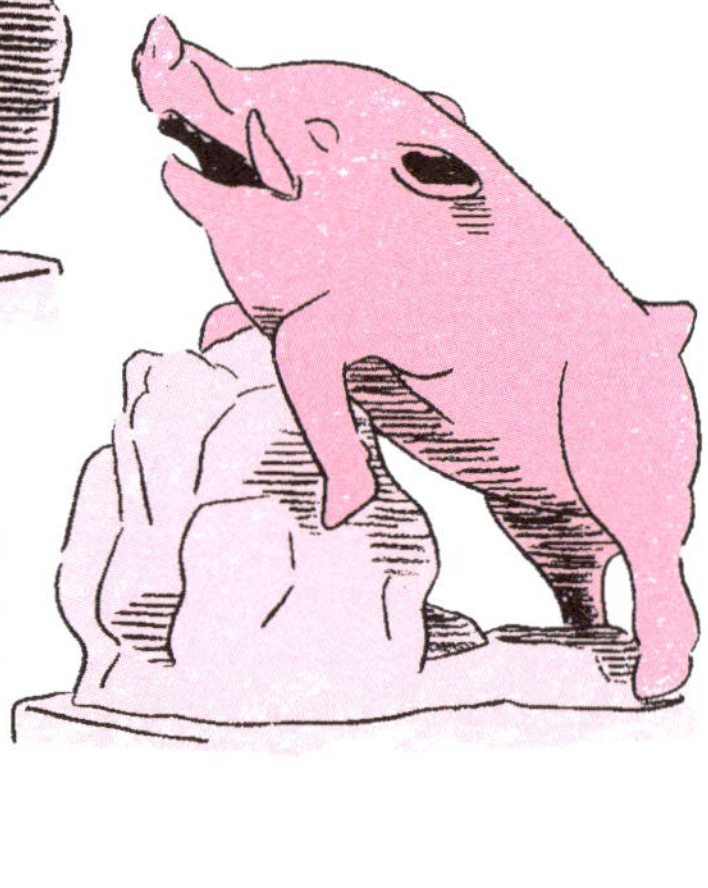

京都市民の願いが込められる

1886年に護王神社の社殿が完成したときは狛犬も狛イノシシも存在しなかった。それを見兼ねた京都市民から祭神にちなんだイノシシ像をつくろうという声が上がり、1890年、寄進を受けて完成した。

野山を駆ける姿を表現

イノシシは山に棲息し、凄まじい速さで駆ける。それにちなみ、しばしば山を駆ける姿で表現される。

神社DATA

護王神社▶京都府京都市上京区烏丸通下長者町下ル桜鶴円町385／主祭神：和気清麻呂公／創建：不詳／交通：烏丸線丸太町駅より徒歩7分

【護王神社にあるイノシシパワースポット】

護王神社の境内には、崇敬者から奉納されたイノシシ像が5000点以上もあるという。なかでも、下記の像はパワースポットとして注目を集めている。

手水舎の霊猪

1998年、祭神・和気清麻呂公の銅像とともに作成されたもの。それまでは竹筒であったが、祭神にちなむ縁起物にしようと、神社が主体となって制作したという。

イノシシのパワーを授かる

イノシシの鼻を撫でると、幸福が授かるといわれる。

願掛け猪

本殿前の御神木の向かって左側には、イノシシの彫刻が施された石がある。このイノシシの前に串を差して願掛けをすると、願いが叶うといわれる。護王神社独特の信仰。

Close up! イノシシを使いとする神仏

野山を駆け回るイノシシは、様々な神仏の乗り物であると考えられた。たとえば陽炎を神格化した仏教の守護神・摩利支天《まりしてん》は、速すぎて人間の目には見えないため、イノシシの上に乗せて図像化するようになったといわれる。また、戦いを司る勝軍《しょうぐん》地蔵の乗り物はウマであるが、なかにはイノシシに乗る像もある。

徳大寺（東京）の摩利支天像。イノシシが仕えることから、亥の日は摩利支天の縁日とされた。

長久寺（埼玉）の勝軍地蔵。イノシシの食害に苦慮した村人の願いで、イノシシに乗った勝軍地蔵像がつくられたという。

作物を喰い荒らす害獣を退治

オオカミ

主なご利益

盗難除け
火難除け
厄除け

ココで会える

三峯神社（埼玉）
武蔵御嶽神社（東京）
宮益御嶽神社（東京）

お江戸から広まった「御眷属信仰」

三峯《みつみね》神社（埼玉）をはじめ、山間部に鎮座する神社のなかにはオオカミを神の使いとして崇めるところがある。

古代日本において、オオカミは農作物を荒らすイノシシやシカなどを捕食する動物であり、山間部に住む人々にとっては大切な益獣であった。そのため人々はオオカミを山の神の使い、眷属と考えたのである。

江戸時代には、三峯神社の中興の祖・日光法印がオオカミの御姿を祈祷札にした御眷属札《ごけんぞくふだ》を発行。これが猪鹿除け、盗難・火難除けとして多くの人に受け入れられ、御眷属信仰が江戸を中心に中部・東北地方へ広まった。

【狛犬とは明らかに違うオオカミ像】

山の神の使いである猛々しいオオカミは、やはり狛犬とは明らかに異なる造形で図像化される。

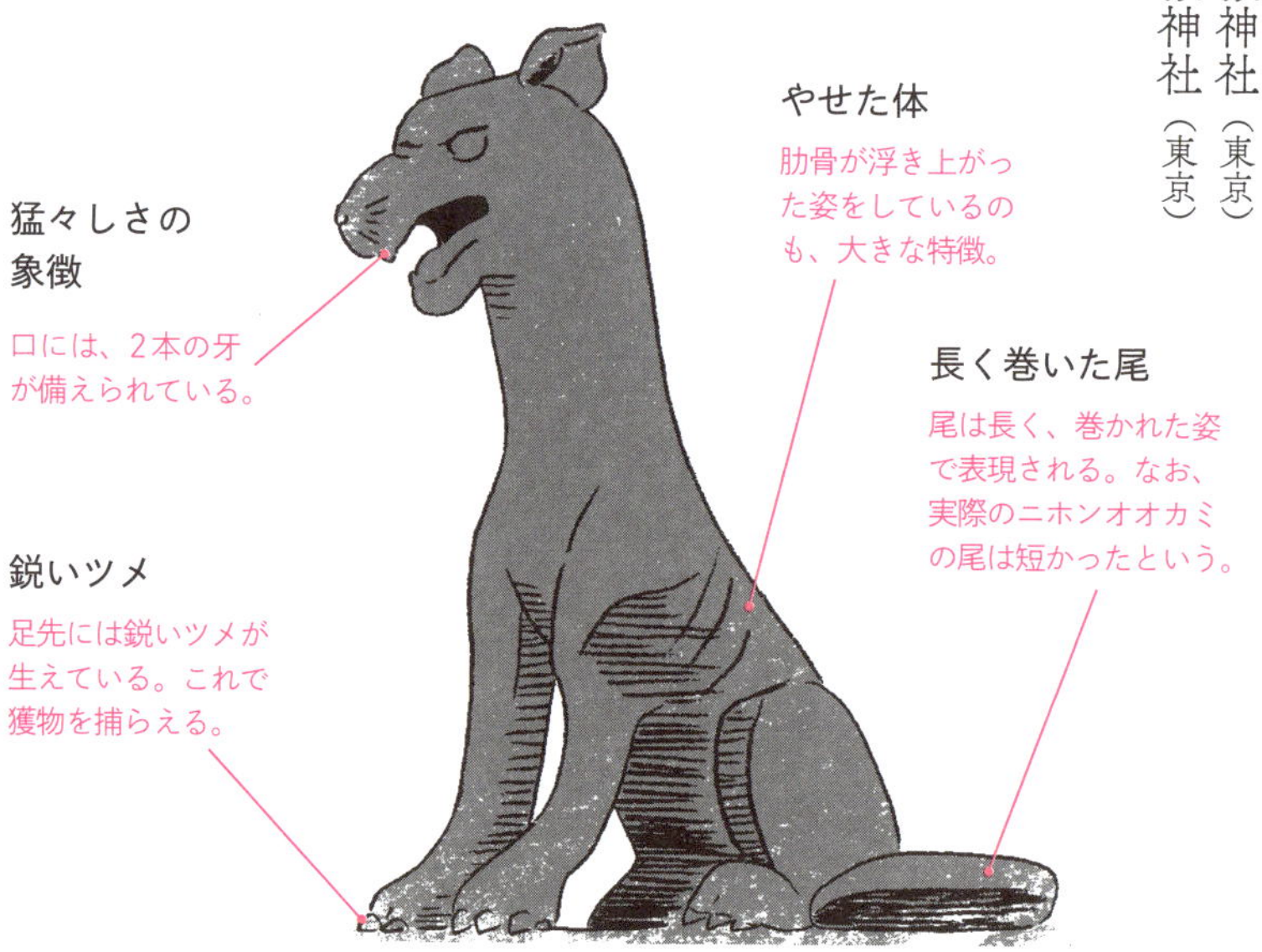
猛々しさの象徴
口には、2本の牙が備えられている。
やせた体
肋骨が浮き上がった姿をしているのも、大きな特徴。
長く巻いた尾
尾は長く、巻かれた姿で表現される。なお、実際のニホンオオカミの尾は短かったという。
鋭いツメ
足先には鋭いツメが生えている。これで獲物を捕らえる。

神社DATA

三峯神社▶埼玉県秩父市三峰298-1／主祭神：伊弉諾尊、伊弉册尊／創建：景行天皇年間／交通：西武バス「三峯神社」からすぐ　**武蔵御嶽神社**▶東京都青梅市御岳山176／主祭神：櫛麻智命／創建：崇神天皇7年／交通：御岳登山鉄道御岳山駅より徒歩25分

【オオカミは盗難除け、魔除けの神】

江戸時代、神の使いであるオオカミを描いた護符がつくられるようになると、オオカミを盗難除け、魔除けの神とする信仰が広まった。

武蔵御嶽神社の護符

山岳信仰との関わり

オオカミは山に棲息することから、山間部に鎮座する神社でオオカミ信仰が息づいている。

日本武尊の使い

白いオオカミが東征を終えた日本武尊（やまとたけるのみこと）の道案内をしたという日本神話にちなみ、オオカミは日本武尊の使いであると考えられるようになった。

オオカミの別名は大口真神

すでに奈良時代に、オオカミは「大口真神（おおくちのまかみ）」として崇められていたと伝えられる。

なぜ目が月形？

日本三御嶽を雪月花にたとえたとき、武蔵御嶽神社（東京）は「月」であるとされた。それにちなみ、お札のオオカミの目が月の形で描かれるようになったと伝わる。

【子ども連れ、阿吽…、様々な姿のオオカミ像】

神社の境内に見られるオオカミ像は崇敬者が奉納したものがほとんどであるため、それぞれの願いが様々な形として表わされている。

三峯神社（埼玉）

オオカミは多産で安産であることにちなみ、子授け・安産を祈願して、子どもを連れたオオカミ像が奉納された。

宮益御嶽神社（東京）

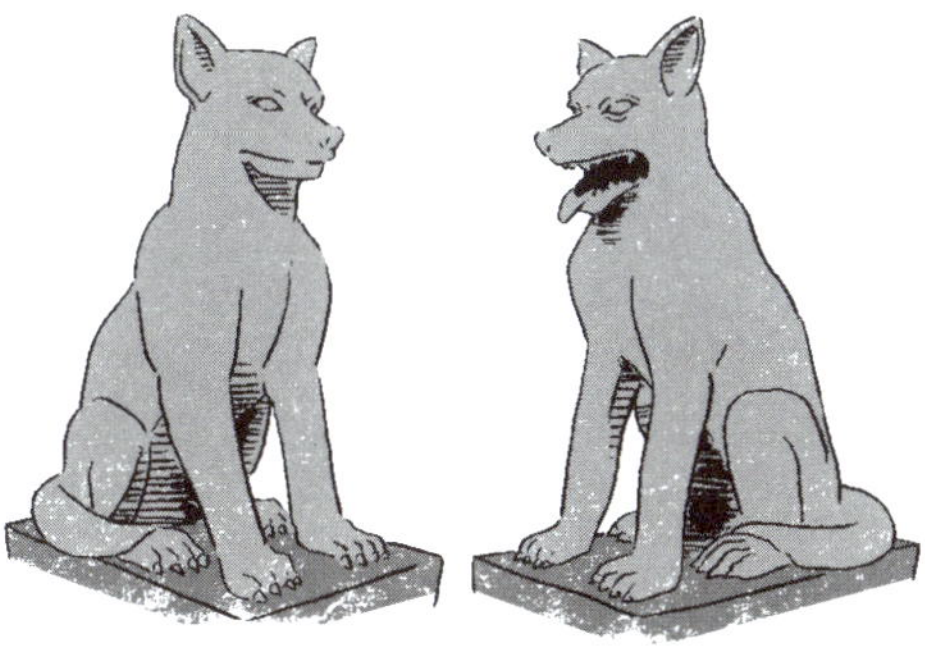

延宝年間に奉納されたというオオカミ像。江戸の人々がオオカミを篤く信仰していたことがわかる。

神社DATA
宮益御嶽神社▶東京都渋谷区渋谷1丁目12-16／主祭神：日本武尊／創建：不詳／交通：渋谷駅より徒歩5分

福を司る使者

ネズミ

ネズミは異界に棲んでいる？

京都府に鎮座する大豊《おおとよ》神社の末社・大黒社の前には、珍しい狛ネズミ像が安置されている。これは、大黒社の祭神・大国主神をネズミが救ったという故事にちなむものだ。

古来、ネズミは穀物などを喰い荒らす害獣として忌み嫌われていた。だが一方で、どこからともなく家に現われるネズミには特別な霊力があると信じられた。ネズミの棲み処は人が行けない異界で、この世とあの世を自由に行き来できると捉えられたのである。そこに招かれた者には福が授けられると考えられるようになり、いつしかネズミは福の神・大黒天（大国主神）の使いであるという信仰が生まれたといわれる。

主なご利益

五穀豊穣
安産
子育て

ココで会える

大豊神社（京都）
戸部杉山神社（神奈川）

【大豊神社の狛ネズミ】

大豊神社の摂社・大黒社の前には、祭神・大国主神にちなんだ狛ネズミが安置されている。

狛ネズミも「阿・吽」形

狛犬と同じく、社殿に向かって右側が「阿」形、左側が「吽」形となっている。

巻物の意味

巻物は学業を象徴するアイテム。学業成就のご利益があるという。

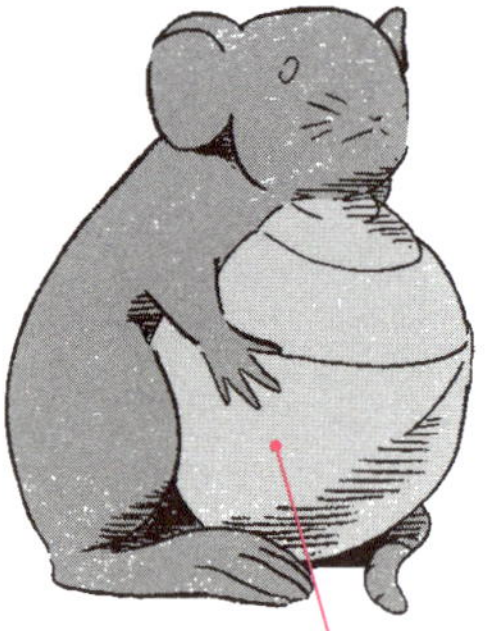

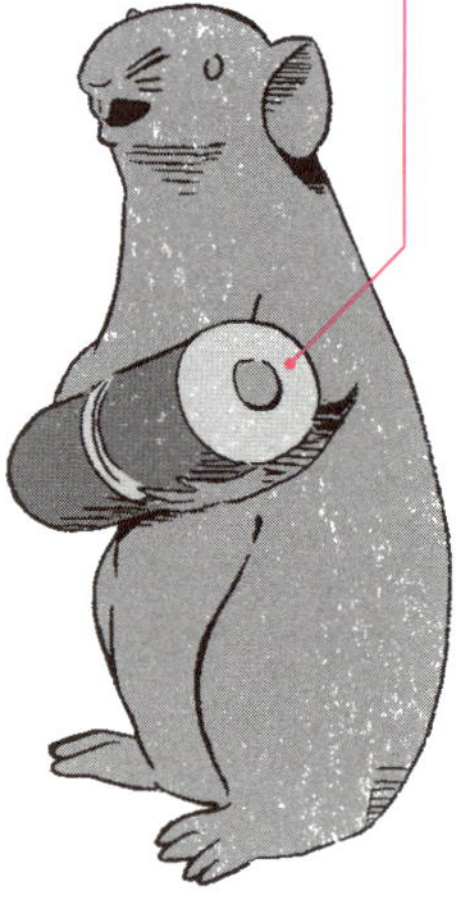

抱えている水玉

水玉は万物の根源を象徴するもの。無病息災のご利益があるとされる。

豆知識　大国主神を助けたネズミ

根の堅洲国（かたすくに）で素戔嗚尊の試練を受けた大国主神は野原で焼き殺されそうになる。するとネズミが現われ、「内はホラホラ、外はスブスブ（中が空洞で外がすぼまっていることを知らせる呪文）」と言った。大国主神が足元を踏みつけたところ、地下に広がっていた穴に落ち、危機を回避できた。

神社DATA　**大豊神社**▶京都府京都市左京区鹿ケ谷宮ノ前町1／主祭神：小彦名命／創建：887年／交通：市バス「宮ノ前町」より徒歩5分

【戸部杉山神社の願掛け狛ネズミ】

戸部杉山神社（神奈川）の境内にも、一対の狛ネズミが配されている。祭神・大国主神にちなむもので、ご鎮座1350年を記念してつくられた。

女性はメスを回す

向かって左側のネズミがメス。

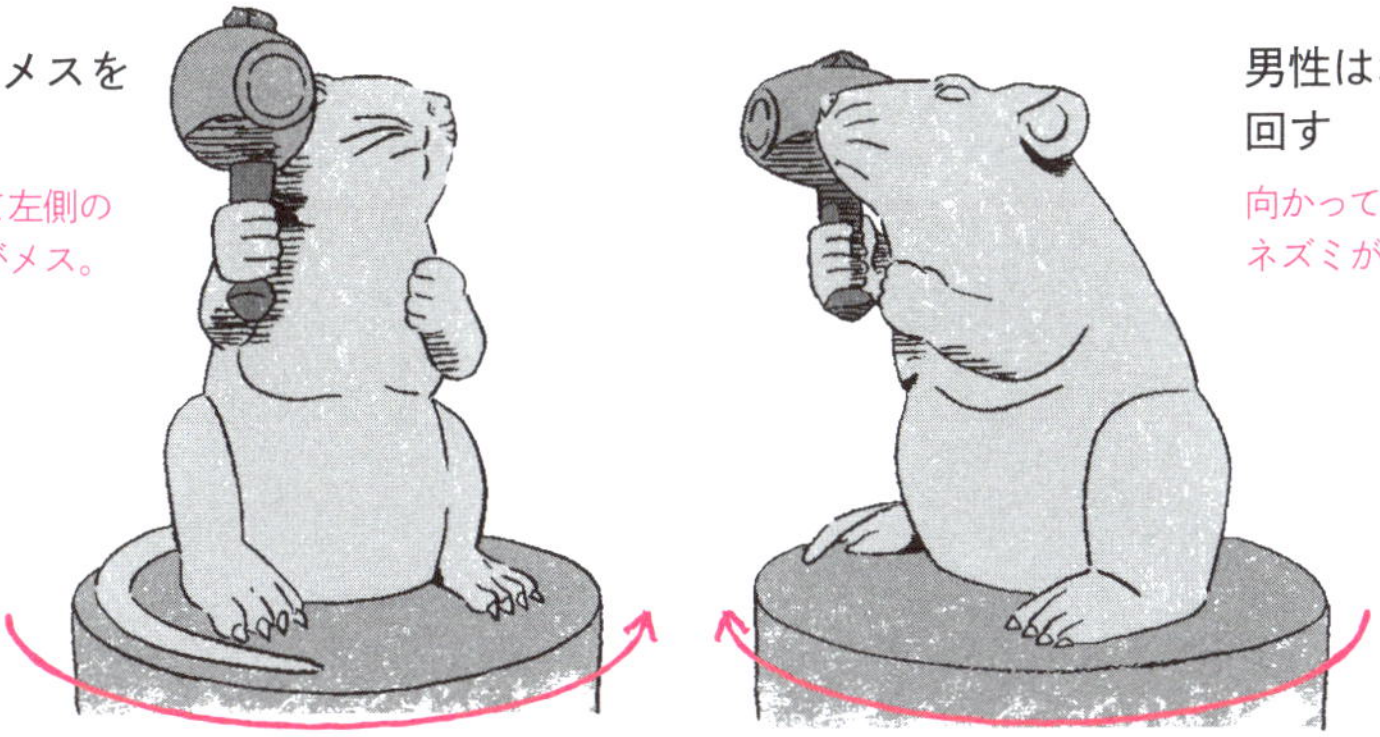

男性はオスを回す

向かって右側のネズミがオス。

台座を回して願掛け

自ら何かを行なうことで願掛けをするようなものがほしいという参拝者の声を受けて設置された。神前や正中におしりを向けずに回るようにするため、男性はオスネズミ側を時計回りに、女性はメスネズミ側を反時計回りに回しながら願い事をする。

Close up! 福の神・大黒天の使いとしてのネズミ

大国主神は七福神のひとつである大黒天と同一視されることから、ネズミは大黒天の使いであるとも考えられた。福の神の使者であることから福をもたらす存在とされ、白ネズミが家に入ってくると縁起がよい、小さいネズミがいる家は繁盛するなどという習俗が生まれた。

福相寺（東京）のネズミ像。大黒天は豊穣の神であり、米を喰らうネズミを管理していることから、米俵に乗ったネズミ像が制作されたという。ネズミには神通力があり、地震や火災を予知する生き物とも考えられた。

「大根喰うネズミ」＝「大黒ネズミ」ということで、大根とネズミも縁起物として絵画や彫刻に多用される。王子稲荷神社（東京）の社殿彫刻にも見ることができる。

神社DATA 戸部杉山神社▶神奈川県横浜市西区中央1丁目13-1／主祭神：大己貴命／創建：白鳳3年／交通：京浜急行戸部駅より徒歩10分

福と勝運を招く毘沙門天の使い

トラ

毘沙門天とともに聖徳太子を助けた？

古代日本において、トラは縄文時代草創期に絶滅したという。そのため日本人にはなじみが薄いが、朝鮮半島に棲息していたこともあり、存在は古くから知られていた。『万葉集』にも「韓国《からくに》の虎といふ神」（第16巻）とある。美しい毛並みと獰猛さを備えることから、古来、勇猛と威厳のシンボルとして尊重された。また、トラは仏教の四天王のひとつである毘沙門天の使いであるとも考えられた。その昔、毘沙門天が聖徳太子の戦の手助けをしたときの時刻が寅年、寅日、寅の刻だったことにちなむという。

　大江神社（大阪）の境内にある狛トラ像は、江戸時代に毘沙門天を祀っていたときの名残だ。

主なご利益

家内安全
子育て
病気平癒

ココで会える

秩父神社（埼玉）
大江神社（大阪）
少彦名神社（大阪）

【秩父神社の「子育ての虎」】

秩父神社（埼玉）の拝殿には、江戸時代初期の名工・左甚五郎作「子宝 子育ての虎」と呼ばれる見事な彫刻が施されている。

母トラだけがなぜヒョウ柄？

彫刻のなかで、なぜか母トラだけがヒョウ柄で表わされている。これは狩野派の様式であるといい、当時、メスのトラはヒョウであるとされていたことにちなむと伝わる。

家康が珍重した「寅の懺法《せんぽう》」

秩父神社の社殿は徳川家康の命によって建立された。秩父神社には「寅の懺法」と呼ばれる延命長寿の祈祷法が伝わっており、これを家康が珍重したことから、トラの彫刻を彫らせたという。

勇猛と威厳のシンボル

古代中国では人に恐れられたトラであったが、日本ではトラに襲われるという被害はなく、獰猛というよりは精悍な動物だと捉えられた。そのため勇猛と威厳のシンボルとして崇められた。

神社DATA 秩父神社▶埼玉県秩父市番場町1-3／主祭神：八意思兼命／創建：崇神天皇年間／交通：秩父鉄道秩父駅より徒歩3分

【毘沙門天の使いとなったトラ】

大江神社（大阪）の阿吽、一対の狛トラはそれぞれつくられた背景が異なる。

阪神タイガースの守り神

吽形のトラ像は、2003年、阪神タイガースのファンによって奉納された。この年、阪神タイガースは18年ぶりのリーグ優勝。以降、阪神タイガースの守り神として信仰を集めるようになった。

神仏習合時代の名残

もともと大江神社には、毘沙門天を祀るお堂があり、その前にトラ像があったという。しかし明治の神仏分離令でお堂は廃されたため、阿形のトラ像だけが残された。現在、阿吽ともに新しい狛トラが祀られ、古い阿形は大切に保管されている。

Close up!

東京・神楽坂の狛トラ像

朝護孫子寺《ちょうごそんしじ》（奈良）や善國寺（東京）など、毘沙門天を祀る寺院では狛トラがあるところが多い。江戸期以降、神楽坂の毘沙門天として信仰を集める善國寺の狛トラは、1848年に寄進された。東京大空襲を乗り越え、いまにその姿を伝えている。

【少彦名神社の張り子の虎】

少彦名《すくなひこな》神社（大阪）で毎年11月22、23日に行なわれる神農祭では、江戸時代に由来する張り子の虎が頒布される。

大坂の人々をコレラから救う

1822年に大坂でコレラが流行した際、道修町の薬種商がトラの頭蓋骨を砕いてつくった丸薬と張り子の虎のお守りを参拝者に配ったところ、効果は絶大であったという。

無病息災のお守り

現在も、無病息災、病気平癒のお守りとして信仰を集めているが、お守りをつくる職人の高齢化などにより、存続が危ぶまれているという。

神社DATA

大江神社▶大阪府大阪市天王寺区夕陽丘町5-40／主祭神：豊受大神／創建：不詳／交通：谷町線四天王寺前夕陽ヶ丘駅より徒歩3分　**少彦名神社**▶大阪府大阪市中央区道修町2-1-8／主祭神：少彦名命／創建：1780年／交通：堺筋線北浜駅より徒歩5分

吉兆をもたらす聖獣

ウサギ

主なご利益

縁結び
招福
子孫繁栄

ココで会える

白兎神社（鳥取）
調神社（埼玉）
住吉大社（大阪）

「因幡の白兎神話」

古来、ウサギは吉兆をもたらす瑞獣《ずいじゅう》と信仰されてきた。『延喜式』にも、「赤兎は上瑞、白兎は月の精で千年生きるものであり、その出現は中瑞である」という記述が残る。長い耳、後ろ足で飛び回る俊敏性、夏は茶褐色、冬は白毛に生え変わる神秘性などから、古代日本人はウサギを聖獣として捉えるようになったといわれる。

その霊性から、ウサギは日本神話にも登場する。ワニザメに毛を剝かれたウサギを大国主神が助けたという「因幡《いなば》の白兎神話」はことに有名だろう。この神話にもとづき、白兎神社《はくと》（鳥取）など大国主神にまつわる神社では、ウサギを神の使いとして崇めている。

【白兎神社と「因幡の白兎」神話】

白兎神社では、祭神・大国主神にちなみ、ウサギを神使としている。境内のウサギ像は、それにちなむものだ。

男女の縁を取り持つ

日本神話において、ウサギは大国主神と八上比売（やがみひめ）を結びつけた。それにあやかり、ウサギ像に結び石を置いて願掛けをすると、縁結びのご利益が得られるとされる。

大国主神に助けられる

日本神話によると、大国主神はワニザメに騙されて皮を剝がされた白兎を助けた。これが縁となり、ウサギは大国主神の使いと考えられるようになった。

神社DATA

白兎神社▶鳥取県鳥取市白兎603／主祭神：白兎神／創建：不詳／交通：日ノ丸バス「白兎神社前」からすぐ　**調神社**▶埼玉県さいたま市浦和区岸町3丁目17-25／主祭神：天照大御神／創建：崇神天皇年間／交通：浦和駅より徒歩10分

【「月待信仰」とウサギ】

古来、月にはウサギが棲むと信じられていたため、月待信仰と結びつきのある神社ではウサギを神使として崇めている。古代中国では、ウサギは月の女神・嫦娥《じょうが》に仕え、薬をつく動物と考えられた。それが日本に伝わり、ウサギは月で餅をつくとされるようになった。

調神社のウサギ像

調（つき）神社（埼玉）は中世、社名と「月」が同音であることから月待信仰と習合。江戸時代には月読社として信仰を集めた。それにちなみ、ウサギが神社の使いとされ、境内の至るところでウサギ像を見ることができる。

月待信仰とは？

十五夜、十六夜などの月齢の夜に仲間で集まり飲食しながら月の出を待つ行事。安産や病気平癒などが祈願された。

Close up! 波乗りウサギ

波折《なみおり》神社（福岡）の境内には、「波乗りウサギ」の石像が安置されている。伝承によると、嵐に遭遇した漁民が波折神社の神に祈ったところ、海中から現われた神が荒れ狂う波を折って漁民を島へと導いたという。

ウサギ像は因幡の白兎神話にちなんで奉納されたが、神社の由緒に関連して波に乗った姿で造形されたという。

【福を招く神功皇后の使い】

住吉大神の加護を受けて新羅を征討した神功皇后が、住吉に大神を祀ったのが住吉大社（大阪）の由来とされる。その日が神功皇后摂政11年（211年）辛卯年《かのとうのとし》卯月卯日であったことから、ウサギが住吉大社の神使になったという。

住吉大社には、なでて招福を祈願する「翡翠の撫で兎」像や、手水舎の水口のウサギ像などがある。

神社DATA
住吉大社▶大阪府大阪市住吉区住吉2丁目9-89／主祭神：底筒男命／創建：211年／交通：阪堺線住吉鳥居前駅からすぐ

十二支はそもそも動物には関係ない⁉

「万物の変化」から「動物」へ

十二支とは子・丑・寅・卯・辰・巳・午・未・申・酉・戌・亥の12種のことで、それぞれにネズミ、ウシ、トラ、ウサギ、龍、ヘビ、ウマ、ヒツジ、サル、ニワトリ、イヌ、イノシシという動物が当てはめられている。

ただ、十二支に用いられる漢字は、そもそも動物とは何ら関係はない。もともと古代中国では、季節に応じた植物の生成過程を孳・紐・演・茂・伸・巳・件・味・身・老・滅・核と12段階に分けていた。そしてそれらの文字と音や韻が通じることから、12種の動物名が当てはめられることになったのだという。

十二支の動物と植物の成長の関係

十二支名	該当する動物	植物の生成過程	意味
子	ネズミ	孳	種子の中で新たな命が芽生える。
丑	ウシ	紐	種の中で芽が紐のようにうねり始める。
寅	トラ	演	植物が発芽する。
卯	ウサギ	茂	若葉が茂る。
辰	龍	伸	植物がさらに成長する。
巳	ヘビ	巳	植物が成長し切る。
午	ウマ	件	植物の成長が止まる。
未	ヒツジ	味	果実・種が生まれる。
申	サル	身	果実・種が熟す。
酉	ニワトリ	老	果実・種が完全に育つ。
戌	イヌ	滅	植物が枯れ始める。
亥	イノシシ	核	新たな生命を種子の中に閉じ込める。

十二支は方位、時刻も表わす

十二支は、方角や時刻を表わす際にも用いられた。

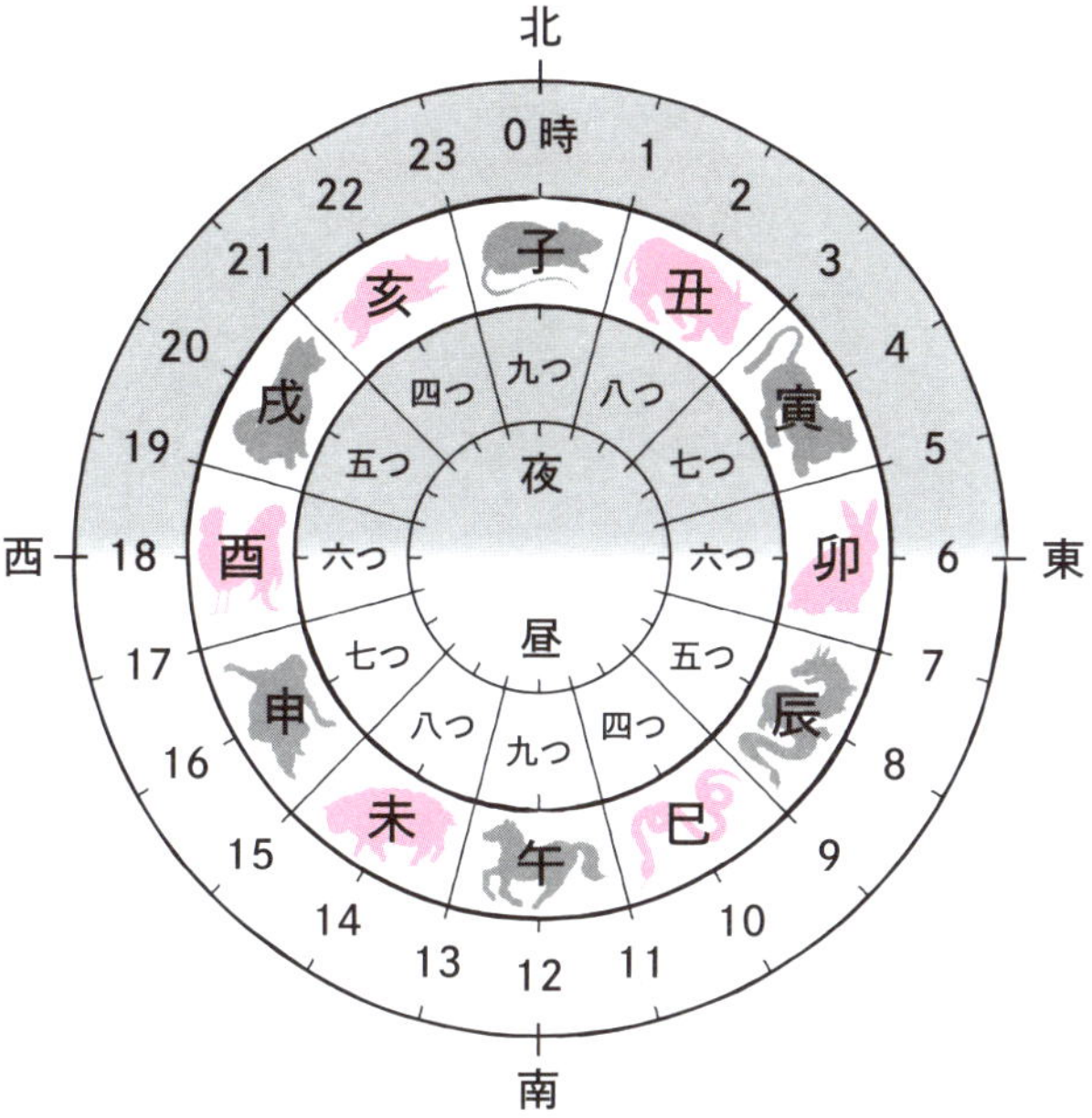

日本に伝わる「十二支物語」

十二支の動物について、日本では次のような説話が残る。ある年の暮のこと。神様は全国の動物たちを呼び出すと、こう言った。「1月1日の朝、私のもとへ来た動物のうち、１番目から12番目までに来たものを、１年ずつ順番に動物の大将にしてやろう」。このとき、神様のもとへ行けなかったネコはいつ行けばよいのかをネズミに聞いたが、ネズミは「1月2日」だと嘘を教えた。

はたして当日の朝、神様の前に真っ先に現われたのは、前日の夜のうちに出発したウシだった。しかしこっそりウシの背に乗っていたネズミが飛び降り、最初に神様に挨拶をした。こうして1番目の大将はネズミになり、ウシは2番目となった。続いてトラ、ウサギ、龍、ヘビ、ウマ、ヒツジ、サル、トリ、イヌ、イノシシと次々と到着。神様は約束通り、彼らを順番にその年の大将にすることを決めた。

その翌日、ネコが神様のもとを訪れたが、ネズミの嘘のせいで大将になることはできなかった。これに怒ったネコは以降、ネズミを追い回すようになったとか。

火災から人々を守る
ヒツジ

日本では珍しい狛ヒツジ

もともとヒツジは、日本には棲息していなかった。初めて渡来したのは、599年のことだという。その後も幾度か朝鮮半島、中国大陸経由でやってきたものの、日本の環境にはなじまず、繁殖しなかった。そのためヒツジは信仰の対象とはならなかったが、不思議なことに羊神社（愛知）の境内には狛ヒツジが安置されている。これは、羊神社を創建した羊太夫《ひつじだゆう》という人物に由来するものだ。その昔、羊神社の付近には羊太夫の屋敷があったという。羊太夫は土地の人々が安穏とした生活を送れるよう、火之迦具土神《ひのかぐつちのかみ》を祀る社を建立した。それがいつしか羊神社と呼ばれるようになったと伝わる。

主なご利益

火災除け
産業振興

ココで会える

羊神社（愛知）
有明山神社（長野）
稲毛神社（神奈川）

【羊神社のヒツジ像】

火事除けのご利益で知られる羊神社では、愛らしい狛ヒツジが出迎えてくれる。

羊太夫に由来

羊神社は、羊太夫という豪族が火の神を祀ったことにはじまると伝わる。平安時代の『延喜式』に羊神社の名が見られることから、1000年以上の歴史を持つ古社だと考えられている。

親子のヒツジ像

親子が仲良く寄り添う姿から、家庭円満のご利益があるという。

Point 手水舎のヒツジ像にも注目！

羊神社では、手水舎にもヒツジ像があしらわれている。社名にちなんでつくられたもので、ヒツジ像の口から水が出る仕組みとなっている。

神社DATA

羊神社▶愛知県名古屋市北区辻町5-26／主祭神：火之迦具土神／創建：不詳／交通：上飯田線上飯田駅より徒歩10分　**有明山神社**▶長野県安曇野市穂高有明宮城7271／主祭神：手力雄命／創建：不詳／交通：あずみ野周遊バス「有明山神社」からすぐ

【干支にまつわるヒツジ像】

ヒツジは十二支のひとつに配当されることから、十二支を祀る神社でもヒツジ像を見ることができる。

有明山神社山門「裕明門」(長野)

山門の周囲の上部に壮麗な十二支が彫られている。1902年に日光東照宮の陽明門に模して建てられたもので、家庭円満の象徴であるヒツジの親子が浮き彫りにされている。

写真：Taka／PIXTA

稲毛神社（神奈川）

1986年に境内が整備された際、樹齢千年と言われるご神木の周囲に十二支のブロンズ像が置かれた。自分の生まれ年の像を起点としてご神木を回り、最後にその像に願い事をすると叶うといわれる。

Close up! 虚空蔵菩薩の使いとしてのヒツジ

虚空蔵《こくうぞう》法輪寺（京都）など虚空蔵菩薩を祀る寺院の境内でも、ヒツジ像を見ることができる。経典に、ヒツジを使いとする旨が記されていることにちなむものだという。また、ヒツジは虚空蔵菩薩が姿を変えたものだともいわれる。一方、虚空蔵菩薩は丑寅の守り本尊であることから、境内にウシとトラの像を配置している寺院もある。

虚空蔵法輪寺（京都）

臥せた姿で表わされているのは、虚空蔵菩薩を乗せるためだといわれる。

玉川大師
玉眞院（東京）

弘法大師（空海）が『十住心論』のなかで、悟りに至る第一段階をオスヒツジに例えて表現したことにちなむ。

神社DATA

稲毛神社▶神奈川県川崎市川崎区宮本町7-7／主祭神：武甕木迦神／創建：不詳／交通：京急川崎駅より徒歩7分

福を呼び込む出世の神

タヌキ

不思議な霊力を持つタヌキ

日本昔話に見られるように、タヌキは人を化かす生き物だと考えられていた。これは、人間や犬などに襲われると死んだふりをし、隙を見て逃げ出すという習性から生まれたものだという。昔から不思議な霊力を持つ動物だと見られており、タヌキを神として祀ると、福や富がもたらされるという信仰が生まれた。

柳森《やなぎもり》神社（東京）の境内にある福寿社にはタヌキの像が置かれる。江戸時代、五代将軍・徳川綱吉の生母・桂昌院《けいしょういん》が祀ったもので、「お狸さま」と呼ばれている。八百屋の娘から大出世を果たした桂昌院にあやかり、「他を抜く」として、タヌキの像が置かれるようになったという。

主なご利益

招福
開運
出世

ココで会える

柳森神社（東京）
金長神社（徳島）

【出世の神となったタヌキ】

柳森神社の福寿社に祀られるタヌキ像は、「他抜き」にちなんで出世の神とされている。

タヌキのおかげで将軍の母に!?

もともとは5代将軍の生母・桂昌院が江戸城内で崇敬していたもの。八百屋の娘が将軍の母となったことにあやかり、大奥の女中らは福寿院のタヌキをかたどった像を懐のなかに入れて願掛けしたという。

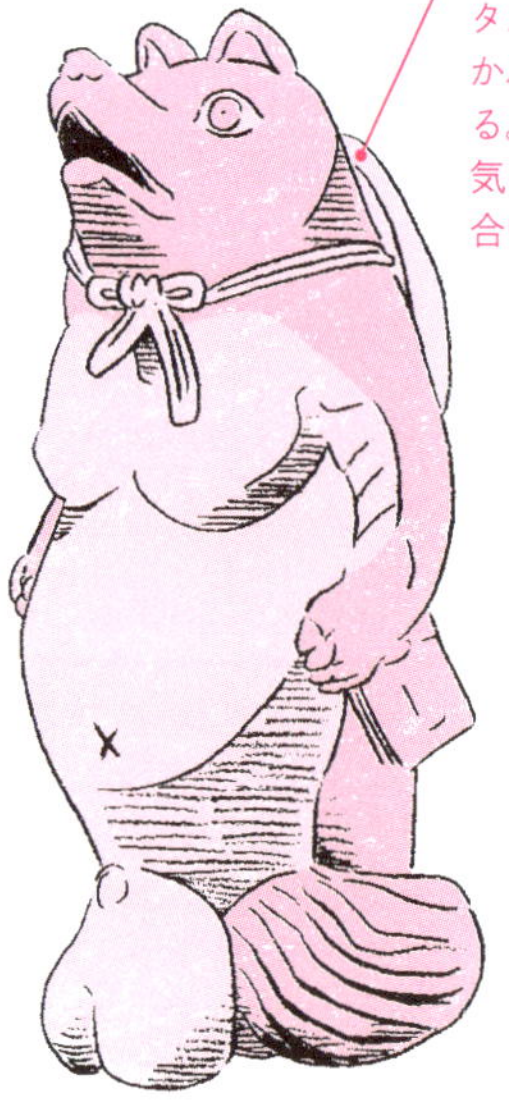

笠がつきもの

タヌキはしばしば笠をかぶった姿で表わされる。笠には、災難、邪気を避けるという意味合いがある。

本当は小さい？ 金袋

タヌキの金袋は大きいというイメージがあるが、実際には小さい。かつて金を叩いて金箔をつくるときにタヌキの皮を使っていたといい、小さな金の玉が8畳ほどの大きさの金箔となったという。それにちなんで大きく表現されるようになったと伝わる。

神社DATA
柳森神社▶東京都千代田区神田須田町2丁目25-1／主祭神：倉稲魂大神／創建：1458年／交通：秋葉原駅より徒歩5分

【人をおどろかす化けダヌキ】

古来、タヌキは日本人に身近な動物。不可思議な伝承が数多く語り継がれてきた。

狸ばやし

夜になると、どこからともなく祭り囃子の音が聞こえてくるが、どこで鳴っているのかはわからないという怪奇現象を狸ばやしという。昔の人々は、これをタヌキが化かしたものであると信じた。一説に、雅楽などを用いて行なわれた法要の音が村人には耳慣れず、いつしかタヌキと結びつけられたのではないかといわれる。

Point「證誠寺の狸ばやし」

證誠寺（千葉）には、悲しい狸ばやしの伝説が残る。美しい月がのぼった秋の夜のこと、境内の庭にどこからともなくタヌキがやってきて、腹太鼓を叩きながら踊り出した。それを見た和尚も楽しくなって、思わず一緒に踊り出した。この踊りは連夜のように続いたが、ある日、突然タヌキが現われなくなった。不思議に思った和尚が辺りを調べてみたところ、腹太鼓を叩きすぎたせいで腹の皮が破れたタヌキが死んでいたという。

分福茶釜

分福茶釜は、貧しい老翁に命を助けられたタヌキが恩返しのために茶釜に化けたところ、茶釜から戻れなくなってしまうというおとぎ話である。茂林寺（群馬）に残る分福茶釜伝説にちなむものと伝わる。

Close up! 民話から生まれた金長神社

キツネの棲息数が少ない四国地方では、代わりにタヌキを神として信仰してきた。そこから生まれたのが阿波狸合戦の講談で、その主人公・金長《きんちょう》狸を祀ったのが金長神社（徳島）だ。これは映画「阿波狸合戦」のヒットへの感謝として、映画会社大映の社長・永田雅一が建立したもので、商売繁盛や招福などのご利益があるとされていた。だが現在、神社周辺を防災公園とする計画が進められている。

神社DATA **金長神社**▶徳島県小松島市中田町脇谷／主祭神：金長大明神／創建：1956年／交通：阿波室戸シーサイドライン南小松島駅より徒歩20分

飼い主に福を招く
ネコ

主なご利益
商売繁盛
家内安全
招福

ココで会える
今戸神社（東京）
蚕影神社（東京）
美喜井稲荷神社（東京）

江戸時代に誕生した「招き猫」

日本でネコがペットとして親しまれるようになったのは、平安時代前後のことであるという。一方で『日本霊異記』に化け猫の話が出てくるように、古くから不思議な霊力を持つ動物とも捉えられていたようだ。

そんなネコが、福を呼び込む縁起物となったのは江戸時代のこと。ある夜、今戸《いまど》神社（東京）の近くに住んでいた貧しい老婆の夢枕に愛猫が立ち、自分の姿を人形にしたら福徳が授かると告げた。はたして老婆が人形をつくって売ったところ、たちまち評判を呼び、裕福になったという。この人形が「招き猫」であり、今戸神社は福を招く猫の神社と呼ばれるようになった。

【福を呼び込む招き猫】

ネコを模した招き猫の像は、福を招くといわれることから、しばしば商店の店先に飾られる。

なぜ右手を挙げる？

招き猫のうち、右手を挙げるものは商売繁盛、金運向上のご利益があるという。また、手を高く挙げるものは遠くの、低く挙げるものは近くの福を招くとされる。

住吉大社の「招福猫」

住吉大社（大阪）でしか買えない授与品「招福猫」。初辰の日に授かるとよいとされている。奇数月に左手を挙げたネコ、偶数月に右手を挙げたネコを集めて48体奉納すると中猫と交換でき、さらに集めて大猫を対で揃えるには最短で24年かかるという。ちなみに、左手を挙げた猫は「人招き＝家内安全」、右手を挙げた猫は「お金招き＝商売繁盛」のご利益があるといわれている。

神社DATA
今戸神社▶東京都台東区今戸1-5-22／主祭神：應仁天皇／創建：1063年／交通：浅草駅より徒歩15分　**蚕影神社**▶東京都立川市砂川町4丁目1-1／主祭神：金色姫命／創建：1860年／交通：立川バス「砂川四番」からすぐ

【ネコ返し神社】

蚕影《こかげ》神社（東京）は、通称「ネコ返し神社」とも呼ばれる。その名の通り、姿を消してしまったネコを家に戻してくれるというご利益がある。

無事に戻ってきたネコ

ジャズピアニスト・山下洋輔氏が蚕影神社に行方不明の愛猫の帰宅を願ったところ、無事に戻ってきたという。これにあやかり、同社は「ネコ返し神社」として信仰を集めるようになった。境内のネコ像は、山下氏の愛猫を模したもの。

絵馬に願いを託す

行方不明のペットのネコに戻ってきてほしいときは、絵馬に願いを掛け、安全・発見を祈願する。

Close up! もうひとつの招き猫伝説

豪徳寺（東京）も、招き猫発祥の地として知られる。江戸時代、時の彦根藩主・井伊直孝が豪徳寺の前を通りかかったところ、寺の飼いネコが手招きをしたので寺院に入った。すると、先ほどまで直孝がいたところに雷が落ちた。ネコのおかげで一命を取り留めた直孝はネコに感謝して豪徳寺を井伊家の菩提寺にしたため、豪徳寺は栄えるようになったという。

【稲荷神社の謎のネコ像】

稲荷神社といえばキツネがつきものだが、美喜井《みきい》稲荷神社（東京）ではネコが神の使いとして崇められている。

謎を秘めたネコ像

美喜井稲荷神社ではネコ像やネコの彫刻などを見ることができる。なぜネコが神の使いであるとされたのかは不明だという。

タコはNG食材

この神社で願掛けをしたあとは、決してタコを食べてはいけないと伝えられている。理由は不明だが、ネコにとってタコは有害な食べ物であるためともいわれる。

神社DATA

美喜井稲荷神社▶東京都港区赤坂4-9-19／主祭神：稲荷神／創建：不詳／交通：赤坂見附駅より徒歩8分

仏法の守護者から縁起物へ

ゾウ

主なご利益

延命長寿
招福
魔除け

ココで会える

日光東照宮（栃木）
大國魂神社（東京）
皇産霊神社（千葉）

霊獣として崇められる

日本にはゾウは棲息しておらず、初めて渡来したのは１４０８年のことだという。ただそれ以前からすでに、日本人はゾウという存在を認識していた。実際、天智天皇が象牙や香木を法興寺に奉納したという記録が残る（『日本書紀』）。

もともと仏教において、白象は普賢菩薩《ふげんぼさつ》の乗り物になるなど、仏法を守護する動物と捉えられていた。そのため古代日本人も、白象を縁起のよい霊獣のひとつと考えた。それが反映されているのが、寺社建築に見られる「木鼻《きばな》（横木が柱から突き出た部分）」である。先端部分にはゾウの彫刻が施されることが多いが、これは古代日本人がゾウを霊獣として崇めていた証だ。

【日光東照宮の「想像の象」】

日光東照宮（栃木）の上神庫の妻部分には、鮮やかな色彩を持つ2頭のゾウの彫刻が施されている。

彫刻は狩野探幽作

狩野探幽は江戸時代前期に活躍した画家で、狩野派四家のひとつである鍛冶橋狩野派の祖である。16歳のときに幕府の御用絵師に就任して以降、日光東照宮や江戸城、大坂城など徳川家ゆかりの場所の障壁画などを制作した。

想像でつくったゾウ

江戸時代はゾウがまだ一般的ではなく、その姿を直接見た者は少なかった。狩野探幽も同様だったため、これまでに伝えられていたゾウの情報をもとに、想像でつくったといわれる。

神社DATA

日光東照宮▶栃木県日光市山内2301／主祭神：徳川家康公／創建：1617年／交通：東武日光線東武日光駅からすぐ　**大國魂神社**▶東京都府中市宮町3丁目1／主祭神：大國魂大神／創建：111年／交通：京王線府中駅より徒歩5分

【社殿彫刻に用いられたゾウ】

大國魂《おおくにたま》神社（東京）や中田稲荷神社（東京）などでは、縁起がよいとされたゾウをモチーフとした社殿彫刻を見ることができる。

ゾウの木鼻

木鼻には当初、木を繰り抜いた単純な飾りがつけられたが、近世になり、ゾウやバク、シシなどの動物がかたどられるようになった。大國魂神社では江戸時代、随神門に象鼻がつけられた（当時のものは宝物殿に収蔵）。

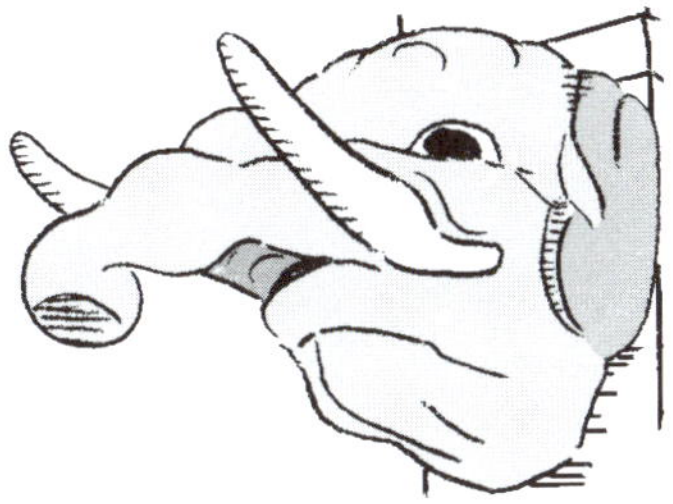

神仏習合時代の名残

木鼻は、鎌倉時代に中国から伝来した禅宗様や大仏様建築に見られる技術で、もともとは寺院に使われた。神社で木鼻が見られるのは、神仏習合の影響である。中田稲荷神社の木鼻もゾウをかたどっている。

豆知識 ゾウが天皇に謁見!?

1728年、中国の商人が将軍・徳川吉宗に献上するため、オスとメスのゾウを連れて長崎にやってきた。メスは死んでしまったものの、オスは陸路、江戸へ向けて出発。その途上、京都では中御門天皇と霊元上皇に謁見するため、「広南従四位白象」という位が与えられた。当時、天皇に謁見するにはある程度の身分が必要だったからだ。その後、江戸に到着したゾウは浜御殿で12年間飼育されたのち、民間人に払い下げられた。

【神の使いとされたゾウ】

ゾウは日本ではなじみが薄い動物だが、皇産霊《むすび》神社（千葉）では、神の使いとされている。

神使となった理由

拝殿前に置かれたゾウの像は、1888年に奉納されたものだと伝わる。祭神の使いとされているが、由来についてはよくわかっていない。この年、上野動物園に雌雄2頭のアジアゾウが来園しており、そのこととの関連性もうかがえる。

神社DATA **皇産霊神社**▶千葉県四街道市和良比692／主祭神：神皇産霊尊／創建：不詳／交通：四街道駅より徒歩15分

山神の意志を伝える

リス

主なご利益

子孫繁栄
五穀豊穣
招福

ココで会える

酒列磯前神社（茨城）
平野神社（京都）
音更神社（北海道）

あまり知られていなかった小さな獣

リスという存在が日本人に認識されたのは、17世紀後半のことだという。それまではムササビやテンなどと混同されていたようだ。また、森林部に棲息することから平地に住む人々にもなじみは薄く、日本昔話など物語文学の類にもあまり登場することはない。

ただ一方で、山間部ではリスを山の神の使いとして捉える向きもあった。顔をやや下に向けて両手を合わせる姿は、まるで人間に神の意志を伝えているように受け取れるためだ。

また、基本的には単独で行動するリスが群れる様子を見て、神の使いであると考えるようになったともいわれる。

【「リスとブドウ」の彫刻の意味】

酒列磯前《さかつらいそさき》神社（茨城）の拝殿では、「リスとブドウ」をモチーフとする彫刻を見ることができる。古来、「リスとブドウ」は縁起のよい吉祥模様として珍重された。

多くの実をつける

ブドウはたくさんの実をつけることから、リス同様、子孫繁栄の象徴として好まれた。

子孫繁栄

多産であるネズミに似ていることから、子孫繁栄を象徴する吉祥として尊ばれたという。

懸魚《けぎょ》の彫刻

江戸時代、名工・左甚五郎が懸魚の彫刻として作成したと伝わる。懸魚は破風の下に吊るして木口を隠すためのもので、当初は社殿を火事から守るため、水と関わりの深い魚の飾りを屋根につけていたという。

神社DATA

酒列磯前神社▶茨城県ひたちなか市磯崎町4607-2／主祭神：少彦名命／創建：856年／交通：ひたちなか海浜鉄道磯崎駅より徒歩10分　**平野神社**▶京都府京都市北区平野宮本町1／主祭神：今木皇大神／創建：不詳／交通：市バス「衣笠校前」より徒歩3分

【平野神社の使いはリス】

京都を代表する桜の名所・平野神社（京都）ではリスを神の使いとして崇めており、リスをモチーフにした授与品も頒布されている。

桜の花

平野神社は古くから「桜の平野」と称されていたことにちなみ、リスが桜の花を抱いたモチーフがおみくじに採用されている。

「リスのお告げ」

平野神社では、神の使いであるリスが神に代わってお告げを届けてくれる。おみくじを尻尾に巻き付けた姿が愛らしい。

【エゾリスを神使とする音更神社】

明治期に音幌農場内に祠が設けられた音更《おとふけ》神社（北海道）では、境内を駆け回るエゾリスを神の使いとしている。自然豊かな社にはモモンガやキタキツネ、フクロウなどもやってくる。

境内に棲むエゾリス

音更神社の境内では、しばしばエゾリスを見ることができる。とくに行動が活発となるのは秋で、エサをせっせと集めてせわしく冬支度をする様子は、神に頼まれてお使いをしているようにも見える。

神の使い

100年以上の歴史を持つ社殿の梁にもエゾリスが彫られ、神社の御朱印や御守りにもリスの印が付いている。

豆知識 江戸時代の人々はリスを知らなかった？

現在、日本にはニホンリス、ムササビ、ニホンモモンガ、エゾリス、シマリス、エゾモモンガという6種のリスが棲息しており、リスの姿を想像できない人はほとんどいないだろう。だがじつは江戸時代まで、リスはそれほど知られた動物ではなかった。1697年刊の『本朝食鑑』では「一般にリスと呼んでいるのはムササビの子である」とし、1709年刊の『大和本草』でもテンを紹介する箇所に「リスともいう」としているのである。また、日本語の名称もなかった。針葉樹林に棲息することから「栗鼠」「木鼠」などと呼ばれ、それが唐音で「リス」と呼ばれるようになったという。島崎藤村は『若菜集』のなかでリスのことを「キネズミ」と呼んでいる。

神社DATA
音更神社▶北海道河東郡音更町元町3／主祭神：天照大御神／創建：1900年／交通：北海道拓殖バス「サンドーム音更」より徒歩3分

人々に恵みをもたらした山の神の化身

クマ

主なご利益
豊穣

ココで会える
上川神社（北海道）
黒沼神社（福島）
永山神社（北海道）

神がクマに化けてやってくる

　クマは人を襲う恐ろしい猛獣である。だが大型動物の少ない日本にあって、クマは山の神がもたらしてくれる大切な恵みでもあった。とくに北海道のアイヌの人々はヒグマを神聖な動物として崇めてきた。山の神は熊の姿となり、人間界にやってくると考えられていたのである。アイヌ民族の聖地と呼ばれる北海道旭川市神楽岡に鎮座する上川《かみかわ》神社の拝殿内に狛クマが祀られているのは、そういった信仰によるものだ。

　日本神話では、クマは熊野の山にたどり着いた神武天皇一行の意識を失わせる荒ぶる神として描かれており、人々から恐れられていた様子がうかがえる。

【「狛クマ」が配された上川神社】

上川神社の拝殿には、木彫りの狛クマが配されている。古来、クマを神として崇めていた信仰に基づくものだ。

神社を守る木彫りの狛クマ

拝殿内の狛クマは、オンコ（イチイ）と呼ばれる木でつくられたもの。クマは山の神の化身であり、古来、神聖視してきた。

クマの格好で人間界を訪れる山の神

アイヌの人々は、山の神はクマに姿を変えて人間界を訪れると考えていた。その信仰の表われといえるのが、イヨマンテという儀式である。アイヌの人々は冬眠中のクマを仕留めたあと、子グマを連れて帰って育て、数年後、殺して神の世界へと送り返す。神からの恵みを受けた人間が神をもてなして神の世界へ送り返すと、その評判を聞いた神が再びクマに身を変えて人間界に現われてくれると考えたのである。

神社DATA
上川神社▶北海道旭川市神楽岡公園2／主祭神：天照大神／創建：1893年／交通：旭川電気軌道バス「上川神社」より徒歩5分　**黒沼神社**▶福島県福島市松川町金沢宮ノ前45／主祭神：日本武尊／創建：不詳／交通：福島交通バス「寺屋敷」より徒歩7分

【黒沼神社に伝わる「水熊伝説」】

黒沼神社（福島）の境内でも、狛クマを見ることができる。淳《ぬ》仲《か》倉《くら》太《ふと》珠《たま》敷《しき》命《のみこと》の水熊退治の伝説にちなむ。

境内に奉納された狛クマ

社伝によると、その昔、福島には大きな湖があり、そこに棲んでいた水熊が人々を苦しめていた。そこで神社の祭神・淳仲倉太珠敷命は人々を救うために立ち上がり、みごと水熊を討ち果たしたという。この故事にちなみ、狛クマが奉納された。

狛クマも「阿・吽」形

狛犬に則り、やはり狛クマも「阿・吽」形となっている。社殿に向かって右側が「阿」形、左側が「吽」。

Close up! 「金太郎」の友であるクマ

第六天神社（東京）では、金太郎の童話をモチーフとした彫刻を見ることができる。足柄山の山姥に育てられ、クマを友達として育ったという物語から、彫刻は母に抱かれた金太郎と、それを見守るクマという構図になっている。

【祭神にちなんだクマ】

永山神社（北海道）の絵馬やおみくじにはクマが描かれている。これは、祭神・永山武四郎の和歌に由来するものである。

和歌に由来したクマの絵馬

クマのイラストを描いた絵馬は、北海道開拓に力を注いだ明治期の軍人・永山武四郎が詠んだ和歌「熊のすむ　蝦夷の荒野を　国のため　きりひらきてよ　ますらをの友」にちなんでつくられた。

神社DATA　**永山神社**▶北海道旭川市永山4条18-2-13／主祭神：天照大神／創建：1891年／交通：宗谷本線永山駅より徒歩10分

不思議な霊力で人間をサポート

イヌ

人間のよきパートナー

イヌが日本人のペットとなったのは、縄文時代にまでさかのぼるという。狩猟・採集生活を営んでいた縄文人にとってイヌは重要なパートナーであり、主に狩猟犬や番犬としての役割を担った。また、信濃の山中で白いイヌが道に迷った日本武尊の道案内をした（『日本書紀』）という記述が見られるように、古来、イヌは不思議な霊力を持っているとも信じられた。イヌの視覚、聴覚、嗅覚は人間よりもはるかに優れており、人間が気づかないものをいち早く察知したことから、神秘的な動物であると信仰されたのだろう。一方、イヌは多産でお産が軽いことから、安産の象徴としても信仰を集めた。

主なご利益

安産
子育て
厄除け

ココで会える

金刀比羅宮（香川）
水天宮（東京）
伊奴神社（愛知）

【主人に代わって参拝した「こんぴら狗」】

江戸時代の人々にとって、全国の有名な寺社へ参詣することは何よりもの楽しみだった。とくに、讃岐の金刀比羅宮《ことひらぐう》（香川）のお参りは伊勢参りと並んで人気を集めた。しかし旅には多額の費用がかかることから、代表者のみが参拝する「代参」がしばしば行なわれた。ときにはイヌが飼い主の代参をすることもあり、「こんぴら狗《いぬ》」と呼ばれた。

主人の代わりにこんぴら参り

こんぴら狗は街道で旅人たちの世話になりながら金刀比羅宮へと向かった。ちなみに主人の代わりに伊勢参りをする「おかげ犬」も存在した。

首にぶら下げた袋の中身は？

こんぴら狗の首には、こんぴら参りと記された袋が掲げられた。なかには飼い主の名を書いた木札、初穂料、道中の食費などが入っていた。

豆知識　こんぴら狗の銅像

桜馬場西詰銅鳥居の横にある銅像は、こんぴら狗をイメージしたもの。絵本『走れゴン』を描いた湯村輝彦氏がデザインした。

神社DATA

金刀比羅宮▶香川県仲多度郡琴平町字892-1／主祭神：大物主神／創建：不詳／交通：高松琴平電鉄琴電琴平駅より徒歩15分　**水天宮**▶東京都中央区日本橋蛎殻町2-4-1／主祭神：天御中主神／創建：1818年／交通：半蔵門線水天宮前駅より徒歩1分

【伊奴神社を守る「犬の王」】

673年に建立されたと伝わる伊奴《いぬ》神社（愛知）には、「犬の王」と銘打たれた銅像が安置されている。

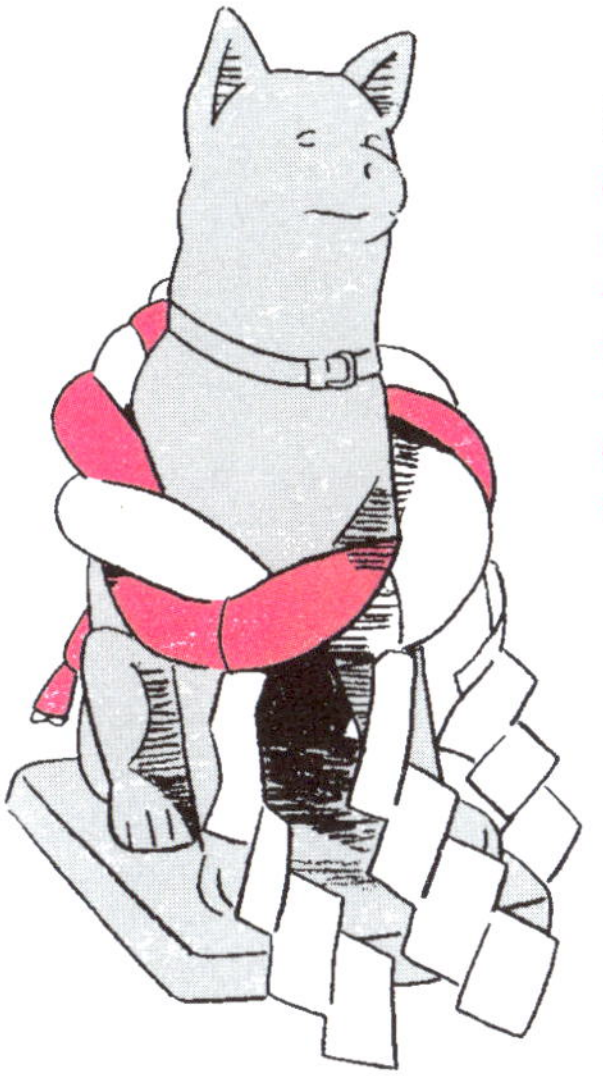

洪水を止めたイヌの御幣

昔、伊奴村（現・稲生町）は洪水に苦しめられていた。あるとき山伏が御幣を立てて祈りを捧げると洪水は起こらず村は豊作に恵まれた。村人たちは山伏から御幣のなかを見てはならないと言われていたが、つい開けてみると、そこにはイヌが描かれ「犬の王」と書かれた札があった。禁を破ったことで村はまた洪水に見舞われた。村人が山伏に相談したところ、御幣を埋めて社を建立せよといわれ、こうして創建されたのが伊奴神社であると伝わる。

安産・子授けのご利益

伊奴神社の祭神・伊奴姫神（いぬひめのかみ）は安産、子授けのご神徳があるといわれる。イヌも多産であり、かつお産が軽いことから、イヌ像は安産、子授けのご利益があると信仰されている。

【水天宮の「子宝犬」】

江戸時代、水天宮（東京）が福岡から久留米藩上屋敷に分祀された際、庶民が多数参拝に駆けつけるようになったという。参拝者のなかには妊婦がおり、安産であったことから、水天宮は安産のご利益があるという信仰が広まったと伝わる。境内には安産のイヌにあやかった「子宝犬」が置かれている。

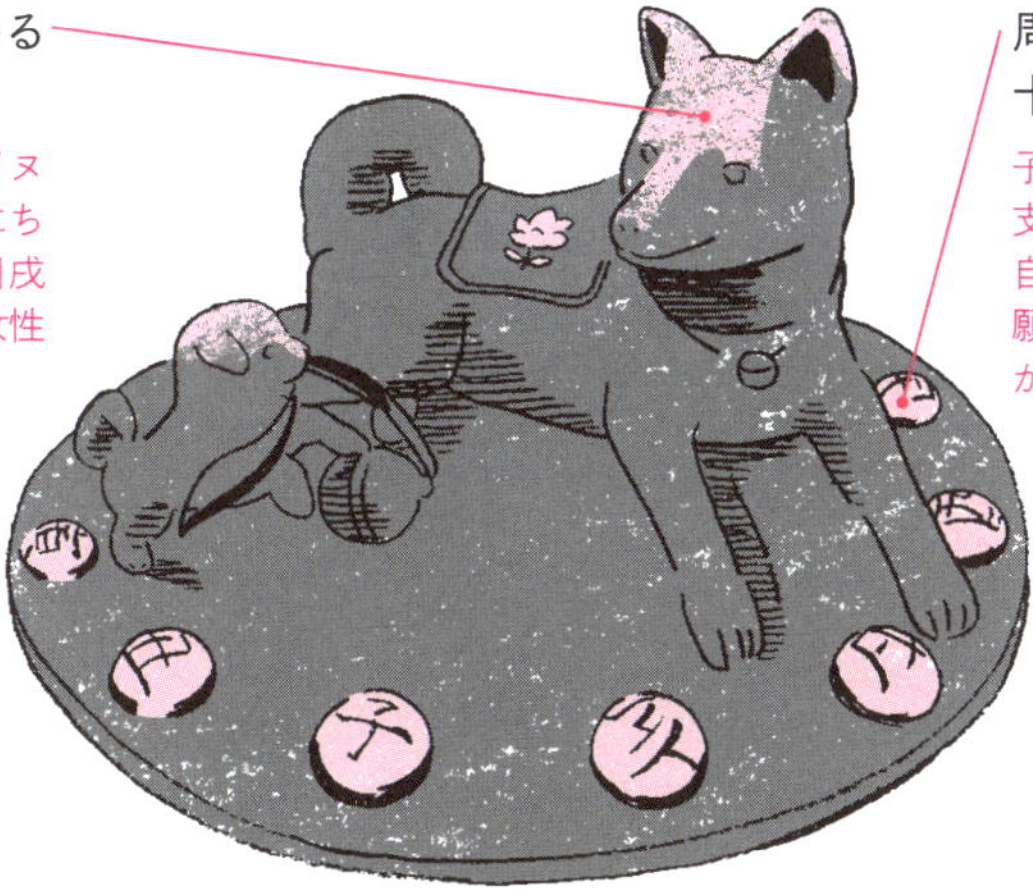

子イヌを見つめる母イヌ

境内の子宝犬は、イヌが安産であることにちなんだ縁起物。毎月戌の日は、妊娠した女性で賑わいを見せる。

周囲に配された十二支像

子宝犬の周囲には、十二支の玉が配されている。自分の干支を撫でながら願い事をすると、ご利益があるといわれる。

神社DATA

伊奴神社▶愛知県名古屋市西区稲生町2丁目12／主祭神：素盞嗚尊／創建：673年／交通：鶴舞線庄内通駅より徒歩10分

悪を食べる百獣の王
獅子

魔を滅する獅子の首

獅子（ライオン）が初めて日本へやってきたのは江戸時代末期のことであるが、それよりはるか以前から、日本人は獅子を霊獣として信仰してきた。すでに6世紀後半に築造されたと見られる藤ノ木古墳から、獅子の文様が施された鞍橋《くらぼね》が出土している。もともと獅子は古代オリエント世界からインドへ伝来し、勇猛な百獣の王であることから、王宮など聖域を守護する霊獣と捉えられるようになった。その後、朝鮮半島経由で日本に伝わったので、「高麗犬《こまいぬ》」と呼ばれた（p114）。また、獅子頭が重要視され、魔を祓う、悪を食べるものと信じられた。今日の獅子舞のルーツである。

主なご利益

魔除け
厄除け
商売繁盛

ココで会える

難波八阪神社（大阪）
波除稲荷神社（東京）
大山阿夫利神社（神奈川）

【巨大な獅子頭に呑み込まれた社殿】

難波八阪神社（大阪）の大獅子殿の特徴は、なんといっても巨大な獅子頭。獅子頭のなかに鎮座する神殿には、祭神・素戔嗚尊の荒魂が祀られている。

社殿は獅子の口のなか

獅子頭は高さ約12メートル、幅約11メートル、奥行約10メートルという巨大さ。目はライト、鼻はスピーカーの役割を果たす。邪気を飲み、勝運を招く縁起物として信仰を集めている。

牛頭天王の憤怒の顔

祭神・素戔嗚尊は疫病を鎮める神・牛頭天王と同一視される。牛頭天王はしばしば憤怒の相で表わされることから、獅子頭もそれに準じた形相でつくられたという。

神社DATA 難波八阪神社▶大阪府大阪市浪速区元町2-9-19／主祭神：素盞嗚尊／創建：不詳／交通：御堂筋線ナンバ駅より6分

【祭りを彩る一対の獅子頭】

波除《なみよけ》稲荷神社（東京）では、「お歯黒獅子」「厄除け天井大獅子」という2体の獅子が神社の拝殿を守護し、つきじ獅子祭の際に担がれる。メスの「お歯黒獅子」の頭の宝珠のなかには、弁才天と同一視される市《いち》杵《き》島《しま》姫命《ひめのみこと》の神像が収められているという。

厄除け天井大獅子

高さ2.4メートル、幅3.3メートル、重さ1トンにものぼる巨大なオスの獅子頭で、1本の黒檜からつくられているという。

願い串を奉納

願いを掛けた願い串をこの獅子の舌の上に収めると、願い事が成就するといわれる。

お歯黒獅子

高さ2.15メートル、幅2.5メートル、重さ700キロのメスの獅子頭。

女性が担ぐ

つきじ獅子祭の際の宮出し、宮入れはすべて女性のみで行なわれる。

豆知識 人々の魔や悪を食べる獅子舞

獅子は首（獅子頭）だけでも魔を祓う力があると信じられた。獅子舞の際、獅子頭が見物人の頭をかむ動作を行なうのは、人の身体に取りついた邪気を食べるためである。

【大山阿夫利神社の獅子山】

2013年、大山《おおやま》阿《あ》夫《ふ》利《り》神社下社（神奈川）の境内に高さ約3メートルの獅子山がつくられた。もともと江戸時代にあった獅子山は、関東大震災で流出。皇太子殿下が大山に登ったことを記念して再び造立された。

故事にちなんだ像

獅子山は「獅子は我が子を千尋の谷に落とす」という故事に由来する。祭神・大山祇神（おおやまつみのかみ）の娘が富士山の祭神・木花咲耶姫（このはなのさくやびめ）であることにちなみ、すべて富士山の石でつくられた。

神社DATA

波除稲荷神社▶東京都中央区築地6丁目20-37／主祭神：倉稲魂命／創建：1659年／交通：大江戸線築地市場駅より徒歩5分　大山阿夫利神社▶神奈川県伊勢原市大山355／主祭神：大山祇大神／創建：崇神天皇年間／交通：大山ケーブル山上駅からすぐ

五穀豊穣を司る農耕の神

ヘビ

主なご利益

五穀豊穣
雨乞い
心願成就

ココで会える

大神神社（奈良）
上神明天祖神社（東京）
江島杉山神社（東京）

大神神社の神様はヘビ

大神神社《おおみわ》（奈良）では、巳の神杉、手水舎のヘビ像など、至るところでヘビにゆかりのあるものを見ることができる。これは、祭神・大物主《おおものぬしの》神《かみ》が日本神話で蛇体として描かれていることに由来する。

ヘビは古来、信仰の対象として敬われてきた。異様な姿形はもとより、冬に地中へ姿を消し、春の訪れとともに地上に現われる習性が「生命力の再生」を象徴すると捉えられたためである。また、湖沼や河川の水面をすばやく移動する姿からも、特別な霊力を有すると考えられた。

ここから、人々はヘビを田の神、水の神と崇めるようになったといわれる。

【大神神社のヘビ像】

大神神社の祭神・大物主神（三輪明神）は蛇神であると考えられている。そのため境内ではヘビをかたどった像を見ることができる。

酒の神としても信仰される

崇神天皇の御代、三輪山の神を祀る祭りに捧げられた神酒は大物主神が醸造した酒であると称える歌がうたわれた。ここから、大物主神は酒の神としても信仰を集めるようになった。

夫の正体はヘビ？

『日本書紀』によると、大物主神の妻となった倭迹迹日百襲姫命（やまとととひももそひめのみこと）は、常に夜に通ってくる夫の素顔を見たいと願った。すると大物主神はそれに応え、翌朝、櫛笥のなかに入っていようと伝えた。翌日、倭迹迹日百襲姫命が櫛笥を見ると、そこには麗しい小蛇が入っていたという。

Point 神霊が宿る巳の大杉

境内にそびえる巳の大杉は、古来、蛇神が棲むと言い伝えられてきた。根本の洞には卵を供える風習があり、ヘビが必ず食べるという。

神社DATA

大神神社▶奈良県桜井市三輪1422／主祭神：大物主大神／創建：不詳／交通：桜井線三輪駅より徒歩5分　**上神明天祖神社**▶東京都品川区二葉4-4-12／主祭神：天照大御神／創建：1323年頃／交通：浅草線中延駅より徒歩5分

【上神明天祖神社のシロヘビ像】

蛇窪大明神とも称される上神明天《かみしんめいてん》祖《そ》神社（東京）では、シロヘビを神の化身であるとして崇めている。

弁才天社にシロヘビが巻きつく！

鎌倉時代、同社には清らかな水をたたえる池があり、そこにシロヘビが棲んでいたという。時代は下り、池はすっかりなくなってしまったため、シロヘビはやむなく他の場所に身を移した。そんなある日、地主の夢枕にシロヘビが現われ、元の場所へ戻してほしいと伝えた。それを受けて弁才天社が建立され、シロヘビが祀られたと伝わる。現在の弁才天社にあるシロヘビ像は、この故事にちなんで奉納されたものだ。

シロヘビを撫でて
ご利益を授かる

金運と幸福を象徴する宝珠を、オスとメスのシロヘビが包み込む。シロヘビ像を撫でると、願いが叶うといわれる。

Close up! 人頭蛇身の宇賀神像

江島杉山神社（東京）などでは、人頭蛇身形をした奇妙な宇賀神像を見ることができる。宇賀神は宇迦之御魂神と同神であるといわれ、食物を表わす「ウケ」という言葉に通じることから、食物を司る神とされた。中世には、仏教の守護神・弁才天と習合。弁才天の化身は蛇身であるとされたことから、人頭蛇身の姿で表現されるようになったと伝わる。

古来、ヘビは水神として信仰されていたが、さらに霊性を強めるべく、宇賀神像が生み出されたともいう。

『仏説最勝護国宇賀耶頓得如意宝珠陀羅尼経』に「宇賀神王の形は天女のようで、頂上の宝冠に白蛇がいて、その顔は老人のように眉が白い」とあることから、宇賀神像は老翁、もしくは童女の姿で表わされる。

神社DATA　江島杉山神社▶東京都墨田区千歳1-8-2／主祭神：江ノ島弁財天／創建：1693年／交通：総武線両国駅より徒歩10分

鉱業の守り神であり銭神の使い

ムカデ

主なご利益

金運
財福

ココで会える

聖神社（埼玉）
白山神社（神奈川）

特異な姿形から生まれた信仰

細長く、黒光りする体に多数の足が生えたムカデは古くから恐れ、嫌われていた。『古事記』に、須佐之男命《すさのおのみこと》が大穴牟遅神《おおなむちのかみ》を呉公《むかで》と蜂のいる部屋に寝かせて嫌がらせをするという話が掲載されていることからもわかる。

一方で、ムカデは鉱脈を司る神の使いとして信仰されてきた。最古の銅銭「和同開珎《わどうかいちん》」の銅鉱で有名な聖《ひじり》神社（埼玉）では、銅製のムカデをご神宝としている。一説に、「古来、ムカデの形態が鉱山の洞穴に似ていることから鉱業の守り神とされた」という。また、足が多いことから「おあし（お金）が集まる」と考えられるようになり、金運が上るとの信仰も集めた。

【聖神社に伝わるムカデ像】

ムカデを神使として崇める聖神社では、銅製のムカデ像がご神宝として大切に祀られている。

元明天皇が下賜した雌雄のムカデ

708年、武蔵国秩父郡で銅鉱が見つかり、時の元明天皇に献上された。天皇はこれを瑞兆として喜び、元号を和同と改めるとともに、和銅製のムカデ雌雄一対を聖神社に下賜した。本来であれば文武百官を遣わすところ、それができなかったので、代わりに百の足を持つムカデを贈ったと伝わる。

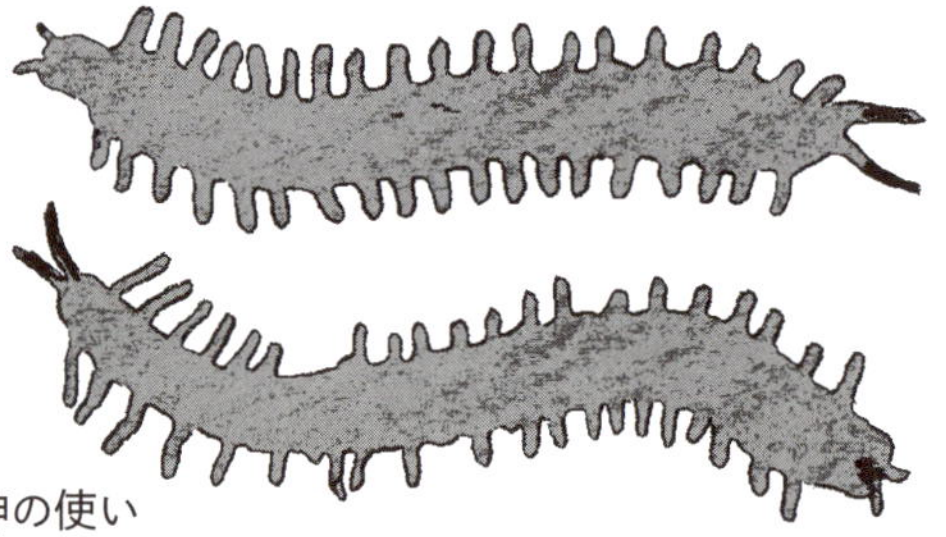

銭神の使い

お金は「足」と例えられることがある。ムカデは足が多いことから、「お金が多い」と結びつけられ、いつしか銭神の使いであると考えられた。

鉱山との関わり

ムカデの体は鉱山の坑道に似ていることから、鉱脈を司る生き物であるともされた。

Point 日本神話に登場するムカデ

日本神話では、大国主神が須佐之男命の試練を受ける段にムカデが登場する。大国主神がムカデとハチのいる部屋に寝かされたり、須佐之男命の頭のシラミを取ろうとしたところ、無数のムカデがいたなどであり、あまり好ましいイメージを持たれていなかったことがわかる。

神社DATA
聖神社▶埼玉県秩父市黒谷2191／主祭神：金山彦尊／創建：708年／交通：秩父鉄道和銅黒谷駅より徒歩5分

【毘沙門天に仕えるムカデ】

ムカデは仏教の守護神であり戦の神でもある毘沙門天の使いとしても信仰されている。

慈受院門跡（京都）の百足札

武将姿の毘沙門天

四天王の一神で、須弥山の北方を守護する。しばしば甲冑で武装した忿怒の相で表わされる。戦の神であることから、武士の信仰も集めた。

毘沙門天を守護するムカデ

一説に、ムカデの形態がまるで鎧を着ているように見えることから、戦の神・毘沙門天と結びついたといわれる。

白山神社（神奈川）

ムカデを模した注連縄

毎年1月8日に行なわれる大注連祭では、ムカデを模した注連縄（しめなわ）がつくられ、五穀豊穣の祈願が行なわれる。ムカデが農作物の害虫を食べてくれることから、ムカデを信仰するようになったといわれる。

Close up! 戦国武将のムカデ信仰

戦の神・毘沙門天の使いと考えられたことから、ムカデは戦国武将からも信仰された。また、後ろに動けないことから「決して後退しない」という決意の現われであるとされ、多くの足が一糸乱れずに進む様から「団結の象徴」であるとも考えられた。ムカデは戦勝祈願の大切な縁起物であり、武具や旗指物のデザインとしてしばしば採用された。

武田信玄

甲斐を治めた武田信玄の使番衆（伝令役）の旗はムカデをモチーフとしている。

伊達成実

伊達政宗の家臣・伊達成実の兜の前立には、ムカデが採用された（毛虫であるともいわれる）。

神社DATA 白山神社▶神奈川県鎌倉市今泉3-13-20／主祭神：菊理姫之命／創建：1191年／交通：江ノ電バス「白山神社前」からすぐ

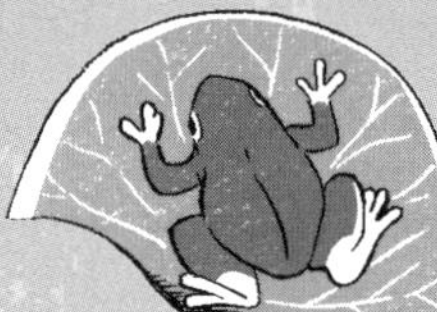

第弐章 水辺の生き物

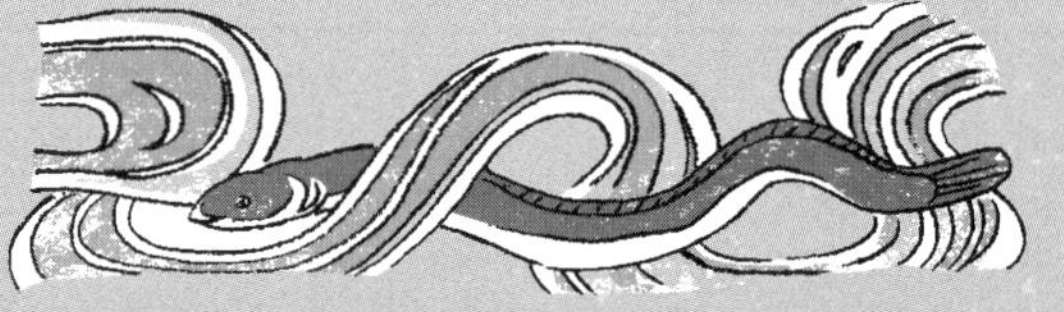

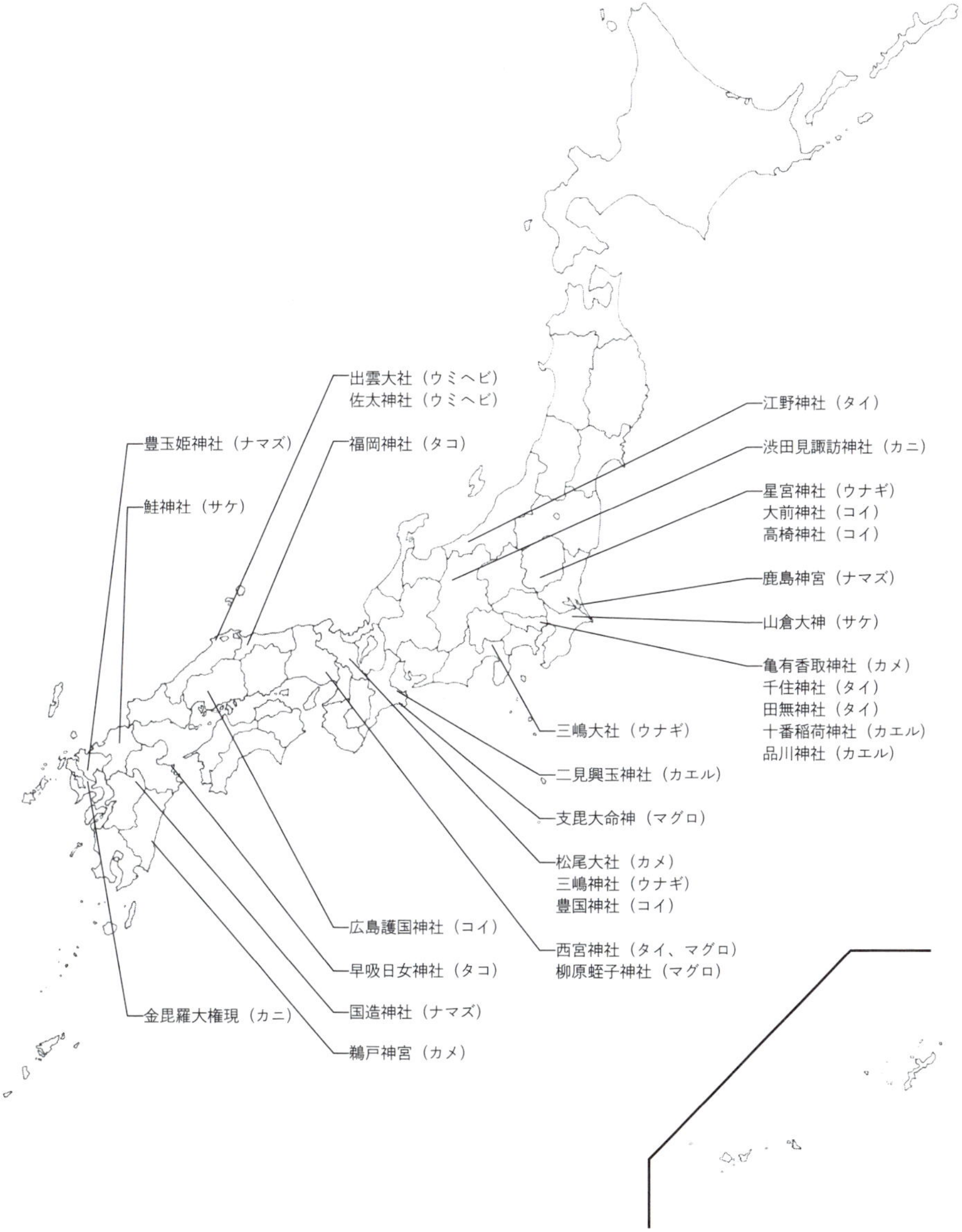
出雲大社（ウミヘビ）
佐太神社（ウミヘビ）
豊玉姫神社（ナマズ）
福岡神社（タコ）
鮭神社（サケ）
広島護国神社（コイ）
早吸日女神社（タコ）
金毘羅大権現（カニ）
国造神社（ナマズ）
鵜戸神宮（カメ）
江野神社（タイ）
渋田見諏訪神社（カニ）
星宮神社（ウナギ）
大前神社（コイ）
高椅神社（コイ）
鹿島神宮（ナマズ）
山倉大神（サケ）
亀有香取神社（カメ）
千住神社（タイ）
田無神社（タイ）
十番稲荷神社（カエル）
品川神社（カエル）
三嶋大社（ウナギ）
二見興玉神社（カエル）
支毘大命神（マグロ）
松尾大社（カメ）
三嶋神社（ウナギ）
豊国神社（コイ）
西宮神社（タイ、マグロ）
柳原蛭子神社（マグロ）

神々の先導役

ウミヘビ

主なご利益

火伏せ
水難予防
商売繁盛

ココで会える

出雲大社（島根）
佐太神社（島根）

海神からの贈り物

毎年旧暦10月は、全国の神々が出雲大社（島根）へと集うため、神無月《かんなづき》と呼ばれる。一方、出雲地方では神在月《かみありづき》と呼ばれ、神々を迎える神在祭が催される。このときに神々を先導する役目を担うのが、龍蛇神《りゅうじゃしん》だ。

龍蛇神の正体は、南海産のセグロウミヘビ。毎年この季節になると、激しい海流にもまれて島根半島の海岸に打ち上げられることがある。人々は海という異界からもたらされるウミヘビを海神からの神秘的な献物と捉えた。そのため打ち上げられたウミヘビを出雲大社や佐太《さだ》神社（島根）などに奉納し、出雲に集まる神々の先導役、神の使いとして崇めたのである。

【漂流するセグロウミヘビ】

南海産のセグロウミヘビは、海流に乗って大洋を移動する。何千キロも移動することができるといい、出雲地方の海岸に漂着することもある。

恐ろしい毒を持つセグロウミヘビ

体重100グラムほどの小さなヘビだが、海流に乗って何千キロも移動することができるという。噛めば人を殺せるほどの毒を持つ恐ろしいヘビでもある。

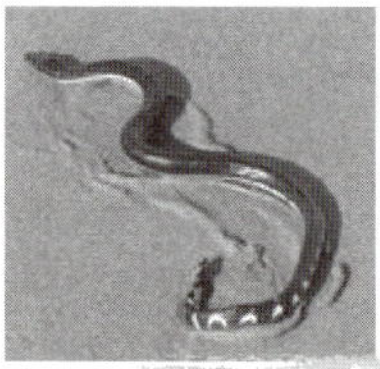

全国の神々が集まる神事

旧暦10月は八百万の神々が出雲に集うとされるため、出雲大社や佐太神社などで神々を迎え祀る神在祭が営まれる。

出雲大社▶島根県出雲市大社町杵築東195／主祭神：大国主大神／創建：不詳／交通：一畑バス「出雲大社」からすぐ

【お札に描かれる龍蛇神】

出雲地方に漂着するウミヘビは神々の先導役と信じられ、「龍蛇」と呼ばれた。神在祭の期間には、出雲大社などで龍蛇が描かれたお札が頒布される。

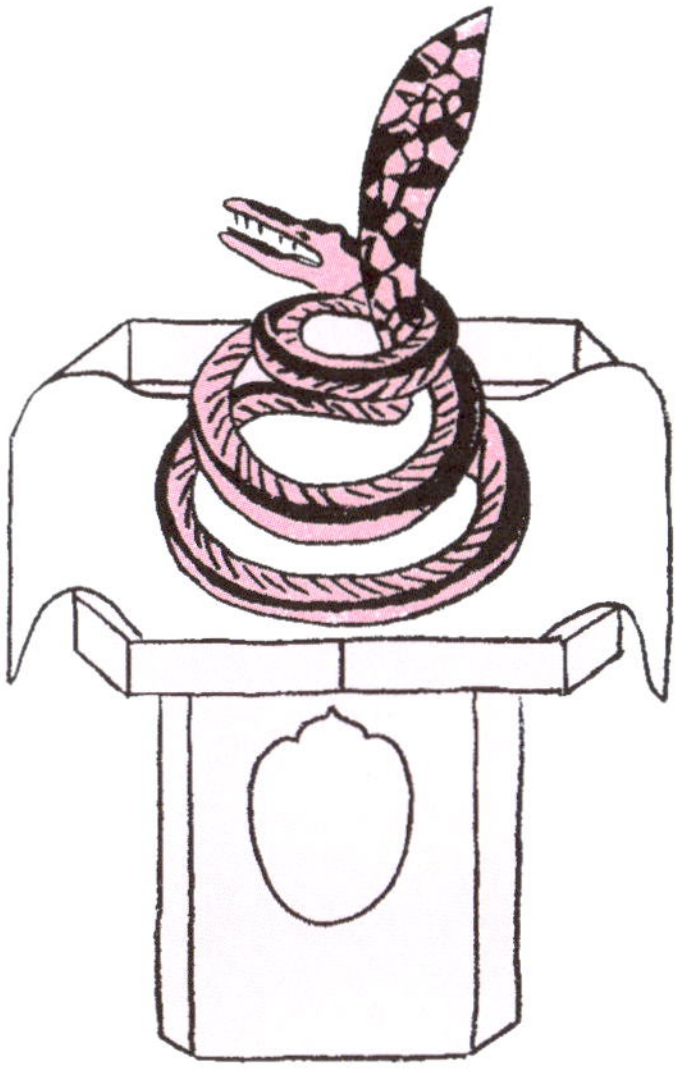

龍蛇神

出雲地方に漂着したウミヘビは出雲大社や佐太神社など、神在祭が行なわれる神社に奉納される。ウミヘビは龍蛇として崇められ、神在祭の期間中、社前に安置される。

龍蛇信仰はいつ始まった？

龍蛇信仰の起源は不明だが、1495年の『佐陀大社縁起』に「龍蛇2匹を祭祀」「異国からの献物」とあることから、室町時代にはすでに信仰されていたことがわかる。

海神からの献物

古来、海からもたらされるモノは、海神からの恵みであると信じられた。そのため漂着するウミヘビも、海神が出雲の神々に献上したものだとも考えられている。

様々なご利益

龍蛇は、火伏せ、商売繁盛、水難予防など様々なご利益を持つ神として信仰される。

豆知識 出雲大社に集う神々

旧暦10月を神無月と呼ぶのは、この月に全国の神々が出雲に集い、出雲以外の国の神が不在になることにちなむという。出雲では逆に、神在月という。平安時代の歌学書『奥義抄』にその伝承が見られ、古くから言い伝えられていたことがわかる。江戸時代になると、毎年旧暦10月に出雲大社に集まる神々は人々の縁組の相談をしているという信仰が生まれ、縁結びといえば、出雲大社と言われるようになったという。右の浮世絵は、神在月に出雲大社に集った神々を描いた『出雲国大社八百万神達縁結給図』。出雲大社の祭神・大国主神の前で出雲に集まった神々が縁結びの話し合いを行ない、組み合わせの決まった男女の名前を帳面に記録する様子を描いている。

出雲国大社八百万神達縁結給図

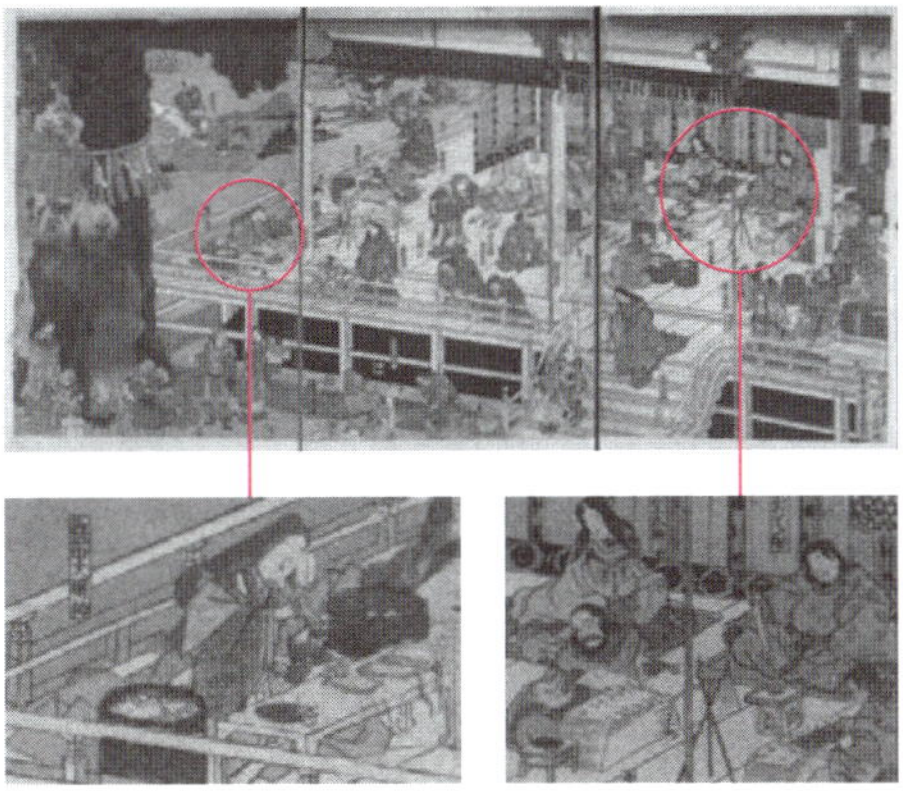

ひもをつけた木札に男女の名前を描く熱田大明神。

組み合わせの決まった男女の名前は、大国主神の前で帳面に記録される。

神社DATA 佐太神社▶島根県松江市鹿島町佐陀宮内73／主祭神：佐太大神／創建：不詳／交通：一畑バス「佐太神社前」からすぐ

祭神の統治を助けた乗り物

カメ

主なご利益

延命長寿
家庭円満
病気平癒

ココで会える

松尾大社（京都）
亀有香取神社（東京）
鵜戸神宮（宮崎）

カメに乗ってやってきた神

松尾《まつのお》大社（京都）の境内に足を踏み入れると、なぜか至るところでカメの像を見ることができる。手水舎のカメ像をはじめ、霊泉・亀の井、幸運の撫で亀、霊亀の滝など、まさにカメ尽くしだ。

松尾大社の祭神・大山咋神は地主神で、『松尾皇太神宮記』によると、大山咋神が天下の山川、万国を開き、国を定めたときの乗り物がカメであったという。その後、カメは嵯峨の亀山となったと伝わる。また、大山咋神が大堰川《おおいがわ》をさかのぼって丹波地方を巡視する際、緩やかな流れのところはカメに乗り、急流はコイに乗ったという伝承も残っている。

【カメは大山咋神の使い】

酒や味噌の祖神

松尾大社は醸造の祖神として、全国の酒造家、味噌、醤油、酢の製造及び販売業者に厚く信仰されている。

霊泉・亀の井

松尾大社本殿右奥にある亀の井に湧き出る霊泉を飲むと、病気平癒、延命長寿のご利益があると伝えられる。

大山咋神

『古事記』によると、実りの神・大年神（おおとしのかみ）と天知迦流美豆比売（あまちかるみづひめ）との間に産まれる。比叡山や葛野の松尾に坐して鳴鏑（音を立てて飛ぶ矢）を持ち、山の神として崇められる。

神社DATA

松尾大社▶京都府京都市西京区嵐山宮町3／主祭神：大山咋神／創建：不詳／交通：阪急電車松尾大社駅からすぐ

【地名から生まれた「狛カメ」】

亀有香取神社（東京）では、「阿・吽」形をした狛カメを見ることができる。その昔、亀有の地は亀甲の形を成していたことから、「亀無」などと呼ばれていた。江戸時代に「無」という言葉が忌み嫌われ、「亀有」と転じたと伝わる。その地名にちなみ、1860年、頭部が龍、胴体がカメの棟瓦が香取神社の旧社殿に飾られたという。

もともとは棟瓦だった！

江戸時代につくられた「亀形瓦一対」は現在、葛飾区郷土と天文の博物館に保管されている。

珍しい狛カメ

「阿・吽」形をした狛カメは、「亀形瓦一対」を模して2009年、亀有の氏子の家内繁栄、健康長寿を願い、造立された。

豆知識　瑞祥の動物として神聖視されたカメ

古来、カメは瑞祥を告げる動物として崇められた。たとえば715年8月28日に元正天皇が即位したとき、松尾大社の御手洗谷に霊亀が現われたことを瑞祥とし、元号が「霊亀」と改められた。聖武天皇の時代の729年には背中に「天王貴平和百年」という文字が浮かび上がった霊亀が献上されたため、「天平」と改元されている。また、770年、肥後国より白い亀が献上されたことから「宝亀」と改められるなど、カメと改元が結びつけられた例は多く残る。カメを神聖な動物として信仰していた様子がうかがえる。

【鵜戸神宮に伝わる「亀石」】

鵜戸神宮（宮崎）には、「亀石」と呼ばれる奇岩がある。

願いが叶う霊石

『日本書紀』によると、豊玉姫命（とよたまびめのみこと）が鸕鷀草葺不合尊（うがやふきあえずのみこと）を産む際、海宮から大亀に乗ってきたという。その大亀がそのまま同地に留まり、亀石になったと伝わる。亀石に向かって運玉を投げ、見事穴に入ると願いが叶うといわれる。

神社DATA　**亀有香取神社**▶東京都葛飾区亀有3-42-24／主祭神：経津主大神／創建：1276年／交通：常磐線亀有駅より徒歩3分　**鵜戸神宮**▶宮崎県日南市大字宮浦3232／主祭神：日子波瀲武鸕鷀草葺不合尊／創建：崇神天皇年間／交通：宮崎交通バス「鵜戸神宮」より徒歩10分

水を司る水神的存在

ウナギ

ウナギを食べると神罰が下る!?

古来、日本人は川や池などの水源を神が宿る場所と捉えてきた。ここから生まれたのが、水神信仰である。そのため、川や池などに棲息する生き物のなかには、神の使いとして崇められるものもあった。ウナギも、そのひとつである。

三嶋大社（静岡）では、境内の神池に棲息していたウナギを三嶋大明神の使者として崇める信仰が生まれた。明治の初め頃までは、ウナギを捕ったり食べたりすると神罰が下ると言い伝えられてきた。また、後白河天皇の創建で、安産、子授けの神として信仰されている三嶋神社（京都）もウナギを神使とし、毎年、ウナギの放生を行なっている。

主なご利益

厄難消除
夫婦和合
安産

ココで会える

三嶋大社（静岡）
三嶋神社（京都）
星宮神社（栃木）

【三嶋大社の「耳ウナギ」】

三嶋大社の神池には、かつて無数のウナギが棲息していたという。それにちなみ、ウナギは神の使いとして崇められている。

耳があった？

三嶋大社の神池に棲んでいたウナギは、イラストのように耳が生えていたという。実際、江戸時代の食物書『本朝食鑑』にも耳のあるウナギの記載が残る。

三嶋明神の使い

三嶋は古来、富士山の豊富な湧き水に恵まれた地域であり、水神を崇める信仰があった。水神は龍やヘビ、魚などの姿でしばしば表わされるが、三嶋の場合は川や池に棲息するウナギが水神の使いであると考えられた。

氏子はウナギを食べない？

ウナギは三嶋明神の使いであることから、三嶋のウナギを獲って食べた者には神罰が下ると言い伝えられた。もし禁を破った者があれば、その者の家には毛がなく、首の長い赤子が生まれると言われた。

神社DATA　**三嶋大社**▶静岡県三島市大宮町２丁目1-5／主祭神：大山祇命／創建：不詳／交通：東海道線三島駅より徒歩15分

【三嶋神社の神使もウナギ】

三嶋神社（京都）にもウナギ信仰があり、ウナギを神の使いとして大切に祀っている。

扁額に描かれた２匹のウナギ

かつては生きたウナギを神に供えて祈りを捧げていたが、現在はそれに代わり、絵馬が神前に掲げられる。祈願後、願い事が成就するまで、ウナギを食べてはいけないとされる。

安産、子宝、子授けのご利益

三嶋神社は、大山祇大神（おおやまつみのおおかみ）、天津日高彦火瓊々杵尊（あまつひこひこほのににぎのみこと）、木之花咲耶姫命（このはなさくやびめのみこと）の三神を祀る。万物の生育を司る神々であることから、安産、子宝、子授けのご利益があると信仰されている。

【星宮神社の「なでうなぎ」】

ウナギは虚空蔵菩薩の使いであるとも考えられている。星宮神社《ほしのみや》（栃木）では神仏習合以前に虚空蔵菩薩を祀っていたことにちなみ、ウナギを神の使いとしている。なぜウナギが虚空蔵菩薩と結びついたかについては不詳だが、水害が多発している地域でとくに信仰されているといわれる。

ウナギは虚空蔵菩薩の化身？

虚空蔵菩薩を祀る地域の人々や、丑寅生まれの人は、菩薩の怒りに触れるのを恐れてウナギを食べないという。

ウナギと十二支

星宮神社の境内には、神使であるウナギをモチーフとした「なでうなぎ」像が置かれている。自分の干支を撫でてから願い事をすると、見事成就するといわれる。

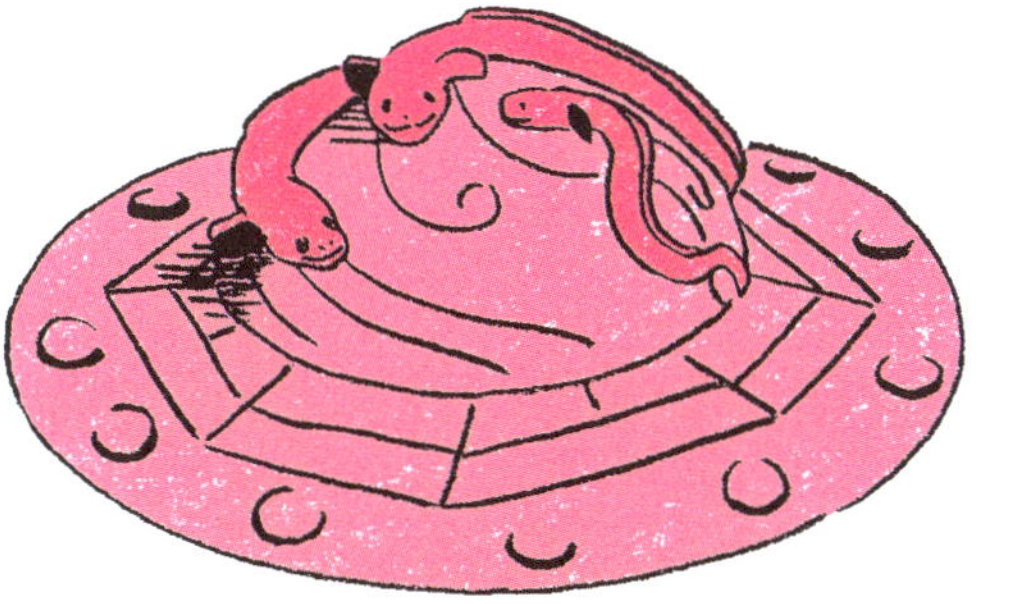

神社DATA
三嶋神社▶京都府京都市東山区東大路通東入上馬町３丁目／主祭神：大山祇大神／創建：1160年／交通：市バス「馬町」より徒歩５分　**星宮神社**▶栃木県栃木市平柳町1-23-26／主祭神：磐裂命／創建：不詳／交通：東武日光線新栃木駅より徒歩５分

神が最も好む瑞祥魚
タイ

主なご利益
豊漁
商売繁盛
招福

ココで会える
西宮神社（兵庫）
千住神社（東京）
江野神社（新潟）
田無神社（東京）

恵比須神とタイ

古来、タイは吉祥の魚として珍重されてきた。魔を祓う神聖な赤色で、立派な姿形をしており、かつ味もよい。そこから神が最も好まれる魚と考えられ、神饌《しんせん》には欠かせないものとなった。

中世には、七福神のひとつである恵比寿信仰と結びついた。もともと恵比須神は夷《えびす》（異郷の人々）に由来する異郷の神であったが、国譲り交渉の使者が大国主神の御子で託宣の神・事代《ことしろ》主神《ぬしのかみ》のもとを訪れたとき、事代主神が海で釣りをしていた故事により、恵比寿神と事代主神が同一視されるようになったという。また、大国主神は俵に乗り、恵比寿神は釣り竿やタイを持った縁起のよい姿で表わされるようになった。

【恵比寿神とタイの関係】

七福神のひとつして祀られている恵比寿神がしばしば釣り竿とタイを抱えた姿で表わされるのは日本神話にちなむ。

「蛭子」から「恵比寿」へ

日本神話によると、伊弉諾命と伊弉冉命（いざなみのみこと）の間に蛭子（ひるこ）という子が産まれた。しかし蛭子は生まれつき足が不自由であったことから、舟に乗せられ、海へ流されてしまう。一説に、蛭子はその後、摂津国西宮に漂着したといい、土地の人々は蛭子を「夷三郎」と名づけて祀ったと伝わる。中世には恵比寿信仰と結びついて恵比寿神と同一視されるようになり、商売繁盛、豊漁の神として信仰を集めた。

恵比寿神がタイを持っている理由

恵比寿神はまた、事代主神とも同一視される。日本神話で事代主神が釣りをしていたという故事に基づき、恵比寿神といえば釣り、タイというイメージが生み出されたという。

神社DATA

西宮神社▶兵庫県西宮市社家町1-17／主祭神：蛭児大神／創建：不詳／交通：阪神電車西宮駅より徒歩5分　**千住神社**▶東京都足立区千住宮元町24-1／主祭神：宇迦之御魂命／創建：926年／交通：京成線千住大橋駅より徒歩7分

【千住神社の「回転恵比寿像」】

東京・千住七福神巡りの千住神社では、恵比寿像を廻すことで、さらにご神徳が授かれるという。男性は左、女性は右に3回廻し、白いハンカチでご利益を授かりたい部位を撫でる（商売繁盛ならばタイ、縁結びならば胸）。その後、自分の身体も同じ部位を1日3回、同じハンカチで撫でると願いが叶うという。

縁起物のタイ

古来、タイは赤く、立派な姿をしていることから高貴な魚であると考えられ、祝膳には欠かせない食材とされた。また、長寿で多産であることから、縁起のよい魚であるとも見なされた。

【江野神社のタイの木鼻】

江野神社（新潟）の社殿の木鼻はエビとタイが彫られている。日本海が近いため、豊漁と海の安全の祈願が込められているとされている。平安時代の『延喜式』にもその名が記され、疫病退散を願う祇園祭（毎年7月）は300年以上続いている。

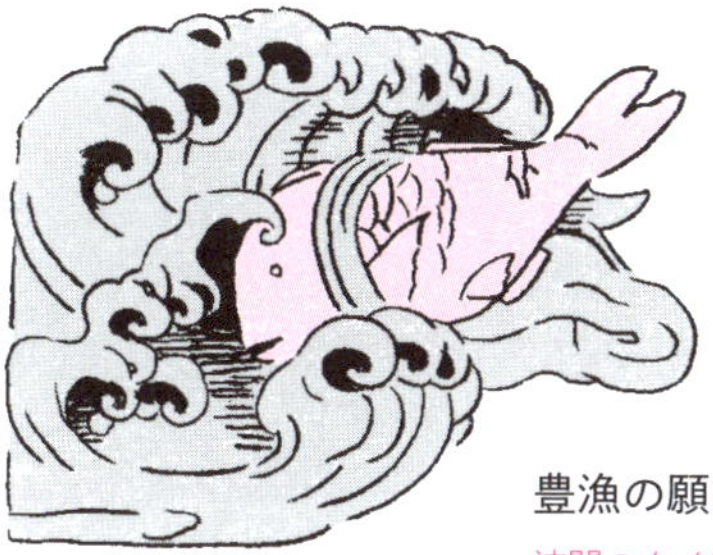

豊漁の願い

波間のタイはとても精巧な彫刻で表現されている。

【田無神社の「恵比寿像」】

田無神社（東京）の境内には大黒天と恵比寿神を祀る小さな社があり、少し変わった方法でご利益を授かる形となっている。

①タイを小槌で叩く

まず恵比寿神の持ち物であるタイを、大黒天の打出の小槌で１度叩く。

②ご神体を撫でる

その後、社に祀られる大黒天、恵比寿像を撫でると、金運向上、健康長寿、良縁結びといったご利益が得られるという。

神社DATA

江野神社▶新潟県上越市名立区名立大町1335／主祭神：建御名方命／創建：不詳／交通：北陸本線名立駅より徒歩８分　**田無神社**▶東京都西東京市田無町３丁目7-4／主祭神：大国主命／創建：正応年間／交通：西武新宿線田無駅より徒歩６分

大地震を引き起こす霊魚
ナマズ

主なご利益

厄除け
病気平癒
地震除け

ココで会える

鹿島神宮（茨城）
豊玉姫神社（佐賀）
国造神社（熊本）

ナマズを懲らしめた武甕槌神

江戸時代までは、ナマズが大地震を引き起こすと考えられていた。日頃は水底でひっそりと暮らすナマズが、大地震の際に水面に現われたり、騒いだりする姿を見て、そのような信仰が生まれたという。

そんなナマズを抑え、地震を防いでいると信仰を集めたのが、鹿島神宮（茨城）の祭神・武甕槌神である。武甕槌神はナマズが地震を起こさぬよう、要石で封じた。

１８５５年に起きた安政の大地震後には、武甕槌神が暴れるナマズを懲らしめる様を描いた「鯰絵」が流行し、地震除けのお守りとして江戸市中に流行したと伝わる。

【ナマズを諫める鹿島大明神】

鹿島神宮の祭神・鹿島大明神（武甕槌神）は、地震を起こすナマズを要石で抑え込んだとされる。江戸時代の安政の大地震以降、鹿島神宮の神人によって地震と要石が結びつけられるようになったといわれる。

要石でナマズを地下に封じる

要石は鹿島神宮境内にある。どこまで掘っても石の全容が見えないほど巨大であるといわれる。鹿島神宮の要石でナマズの頭を押さえ、香取神宮（千葉）の要石で尾を押さえているとされる。

武甕槌神

鯰絵を持てば地震にあわない？

鯰絵ができたのも安政の大地震以降のことだという。これによって鹿島には地震がないと言い伝えられるようになり、地震の護符として信仰されるようになった。

神社DATA

鹿島神宮▶茨城県鹿嶋市宮中2306-1／主祭神：武甕槌大神／創建：神武天皇即位紀元元年／交通：鹿島線鹿島神宮駅より徒歩10分

【豊玉姫神社の「白いナマズ像」】

佐賀県嬉野にある豊玉姫神社の祭神は、古来、水の神として崇められた豊玉姫命。白いナマズは彼女の使いであるとして崇められている。古来、嬉野は温泉地として知られ、ナトリウムを多く含有する重曹泉は肌をきれいにする効能がある。また、豊玉姫命が白く美しい女神であると考えられたことから、美肌の霊験があるとされたという。

水をかけると美肌に!?

境内にある白磁のナマズ像に願い水をかけると、美肌になるといわれる。祭神と温泉地であることが関連づけられてつくられたという。

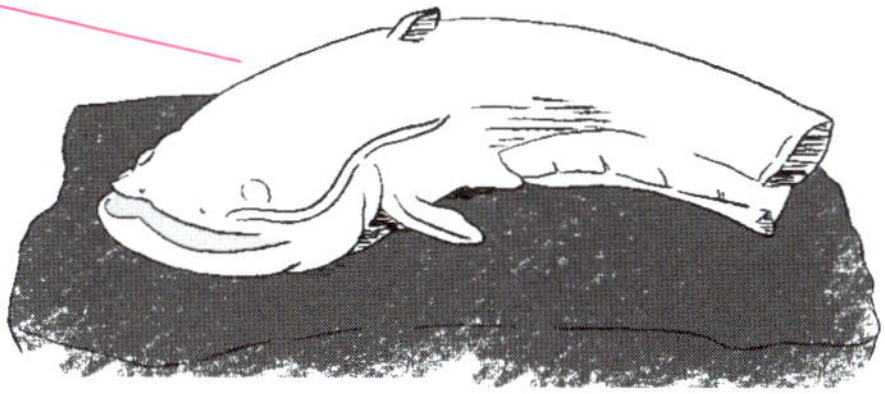

白ナマズは豊玉姫命の使い

神社の側に流れる嬉野川には大ナマズが棲んでいると言い伝えられてきたという。そこからナマズを豊玉姫命の使いであるとする信仰が生まれ、国難の際に神託を告げにやってくるとされた。

豆知識 ナマズが地震を起こす?

古くから、大地震は地中に棲む大ナマズが暴れるために引き起こされると考えられていた。豊臣秀吉も伏見城を築く際、「ふしみのふしん、なまつ大事にて」と記した書状を発給している。つまり、地震対策を万全にせよと命じたのである。下の浮世絵は安政の大地震後に描かれたもの。鹿島大明神が出雲に行って不在にしたとき、留守を託されたのは恵比寿神だったが、目を離した隙にナマズが暴れ、地震を起こしてしまった。その不始末を鹿島大明神に謝罪している場面を描いている。

【阿蘇に残るナマズ伝説】

国造《こくぞう》神社（熊本）の境内には、ナマズの神を祀る鯰宮がある。ナマズは、国造神の化身であるといわれる。

健磐龍命《たけいわたつのみこと》のナマズ退治

昔、阿蘇には巨大な湖があったという。健磐龍命は開拓のため湖を干上がらせようとしたが、大きなナマズがそれを邪魔した。そこで健磐龍命は大ナマズを退治し、湖を田畑へ変えたという。

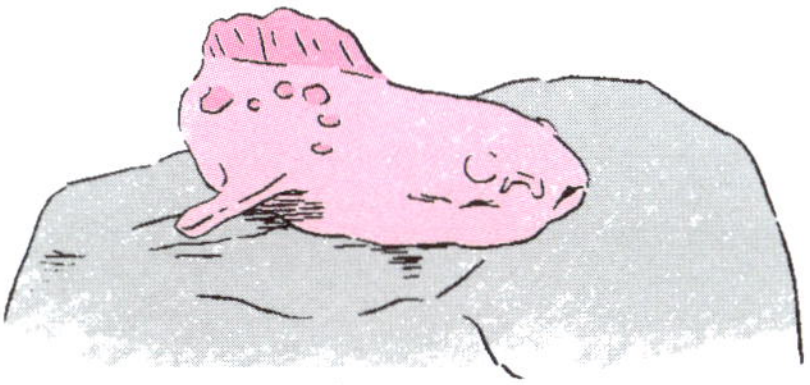

国造神の化身

健磐龍命が退治したナマズは、じつは国造神の化身であったという。健磐龍命はナマズが祟りを起こさぬよう、その霊を鎮めるために鯰宮を建立したと伝わる。

神社DATA

豊玉姫神社▶佐賀県嬉野市嬉野町大字下宿乙2231-2／主祭神：豊玉姫大神／創建：不詳／交通：JR九州バス「嬉野温泉」より徒歩5分　**国造神社**▶熊本県阿蘇市一の宮町手野2110／主祭神：速瓶玉命／創建：崇神天皇年間／交通：豊肥本線宮地駅より車で15分

農耕神・道案内の神の使い

カエル

主なご利益

交通安全
金運向上
招福

ココで会える

二見興玉神社（三重）
十番稲荷神社（東京）
品川神社（東京）

語呂合わせから神使に？

冬眠し、田植えの時期になると水田などに集まって盛んに鳴くカエルの生態を見て、古代日本人はカエルを農耕神の使いだと考えた。日本神話にも、田の神とされる久延毘古《くえびこ》（案山子）とともにヒキガエルの多邇具久《たにぐく》が登場する。

一方、カエルは猿田彦大神《さるたひこおおかみ》の使いであるとも考えられている。猿田彦大神は瓊瓊杵尊の降臨に際し道案内をした神であり、ここから交通安全の守護神として信仰された。カエルは「帰る」に通じることから、猿田彦大神の使いとなったという説もある。また、猿田彦大神は一度溺死したあとに蘇ったとされることから、「よみがえる」とカエルが結びついたともいわれる。

【二見興玉神社のカエル像】

二見興玉《ふたみおきたま》神社（三重）の祭神は交通安全の守護神・猿田彦大神。境内ではその神使とされている「カエル」の像を至るところで見ることができる。

猿田彦大神

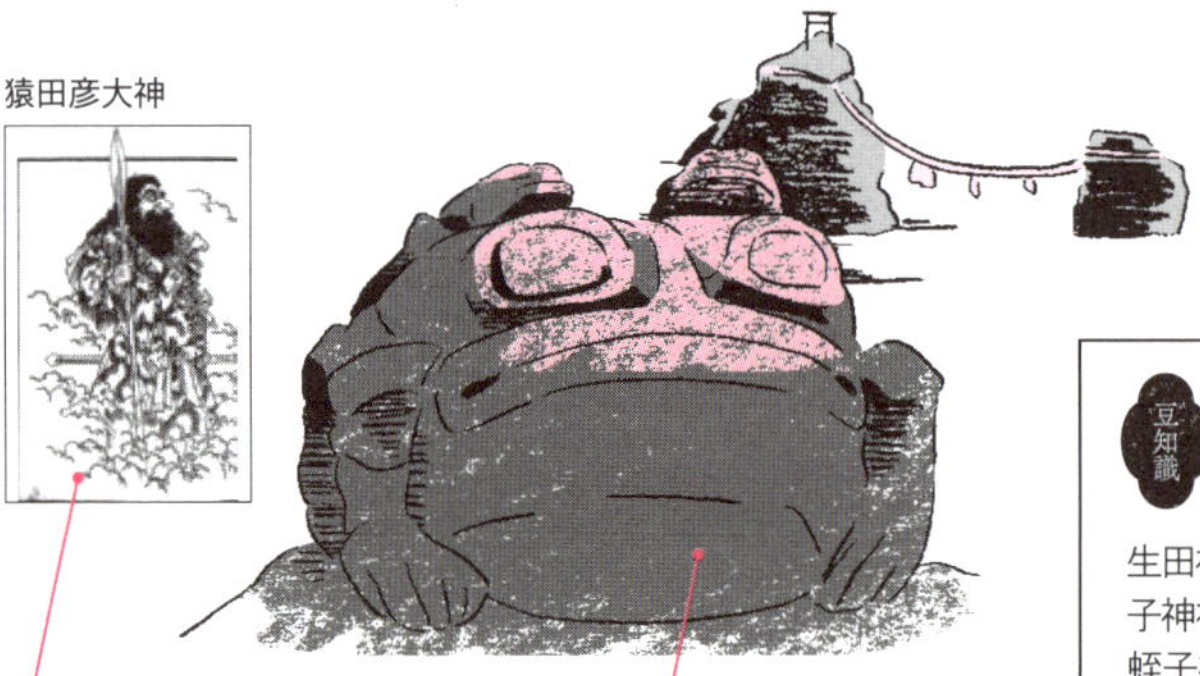

猿田彦大神とカエル

古来、人々は伊勢神宮参拝前に二見興玉神社に寄って禊を行ない、旅の安全を願った。「無事に帰れますように」という願いと、猿田彦大神が道案内をしたという神話が結びつき、カエルが神使になったといわれる。

旅人の奉納

境内に安置されているカエル像は、無事に家に帰ることができた旅人が猿田彦大神のご神徳に感謝して奉納したものだという。

豆知識　蛭子神社のカエル

生田神社（兵庫）の境内にある蛭子神社にはカエルの彫刻がある。蛭子神社は商売繁盛の神様。「お金が還る（カエル）」で金運向上のご利益があるとされている。

神社DATA　**二見興玉神社**▶三重県伊勢市二見町江575／主祭神：猿田彦大神／創建：天平年間／交通：参宮線二見浦駅より徒歩15分

【主人を大火から守ったカエル】

江戸時代、大火が麻布一帯を襲ったとき、山崎主税助《やまざきちからのすけ》の屋敷のみが焼け落ちずに済んだ。屋敷の池に棲んでいた大ガエルが水を吹きかけて猛火から屋敷を守ったと言われ、山崎家には防火のご利益を授かろうと人が押し寄せた。領主は「上」と書いたお札を配るようになり、その後、お札の授与は十番稲荷神社（東京）が受け継いだ。

上の字様

江戸の人々は上と書いたお札を「上の字様」と呼んで崇め、防火のお守りとしたという。現在、境内にはカエルの像も祀られている。

防火のお守り

「上の字様」の授与は戦後に中断していたが1975年に「かえる守り（右）」として復活。2008年には、「上の字様」も再び授与されるようになった。

Close up!

小野小町由来のカエル彫刻

玉津岡神社（京都）がある井出町には「小野小町終焉の地」の伝説がある。小町は「色も香もなつかしきかな蛙鳴く　井手のわたりの山吹の花」という歌を詠んでおり、神社拝殿の木鼻に阿吽一対のカエルの彫刻があるのは、それにちなんだものといわれている。

【品川神社「ぶじかえる」】

品川神社（東京）の境内にある富士塚を登ると富士山を登ったのと同じ霊験が得られるという。富士塚を下りた先には富士山をご神体とする浅間神社があり、そこに「ぶじかえる」の石像が置かれている。「富士」と「カエル」の語呂合わせから奉納された像だという。

豆知識

日本神話とカエル

『古事記』によると、大国主命が出雲の美保の岬にいたとき、ガガイモの船に乗って小さな神がやってきた。名を尋ねても答えず、周囲の神々もわからなかった。そのとき、ヒキガエルの多邇具久が「久延毘古（案山子）が知っている」と言ったので久延毘古に尋ねたところ、「神産巣日神の御子・少彦名神にちがいない」と答えたという。古代、地上のあらゆるところに棲息するヒキガエルは地上のすべてのことを知っている存在と考えられていた。

神社DATA

十番稲荷神社▶東京都港区麻布十番1-4-6／主祭神：倉稲魂命／創建：慶長年間／交通：大江戸線麻布十番駅からすぐ　**品川神社**▶東京都品川区北品川3-7-15／主祭神：天比理乃咩命／創建：1187年／交通：京浜急行新馬場駅より徒歩1分

動物と植物を組み合わせて パワーを授かる

縁起がよい吉祥文様

絵画や工芸品のなかには、動物と植物を組み合わせた図柄が描かれるものがある。「松にツル」、「紅葉にシカ」といった具合だ。これらは縁起がよい吉祥文様として古来、尊ばれてきた。

たとえば「松にツル」の図柄は、欄間の彫刻や屏風絵などによく用いられる。松は常緑樹であり、長寿を暗示する植物。ツルもまた長寿を象徴する動物である。実際にツルが松に止まることはないが、2つを組み合わせることで、「長寿、家の繁栄」を願ったものであると考えられている。古代の人々は、動物と同様、植物にも特別な霊性を感じたのである。

吉祥文様として尊重された動物と植物

松にツル

長寿、家の繁栄を象徴する。

高来神社（神奈川）

牡丹にシシ

シシの体毛に発生する害虫は増殖するとシシの肉をも喰らい尽くすが、牡丹の花の夜露にあたると死ぬ。ここから、シシと牡丹とが結びつけられて考えられるようになったという。また、シシは獣の、牡丹は花の王であることから組み合わせられたともいわれる。

松戸神社（千葉）

竹にトラ

勇猛なトラでもゾウには勝つことができないため、ゾウが入ることのできない竹藪へと逃げ込む。トラにとっての安息の地が竹藪であることから、竹とトラが結びついたという。

秩父神社（埼玉）

梅にウグイス

梅とウグイスは春の訪れの象徴であり、春を寿（ことほ）ぐ取り合わせとして尊ばれた。

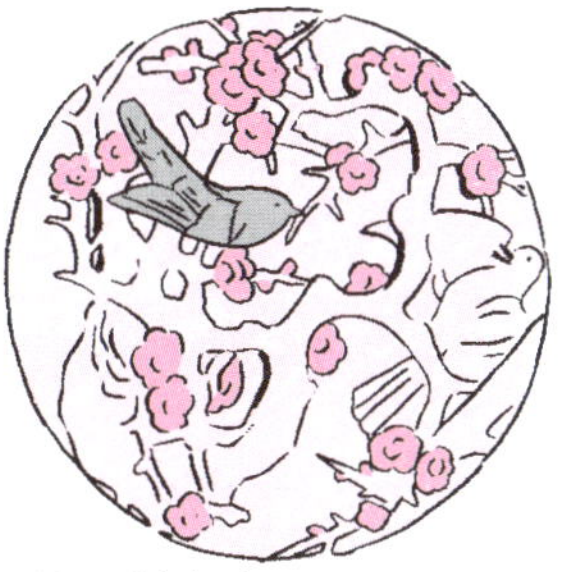

叶神社（神奈川）

柳にツバメ

春から初夏にかけて日本へやって来る渡り鳥・ツバメは、柳とともに初夏の風物詩として親しまれた。

上野東照宮（東京）

竹にスズメ

松、梅と並んで吉祥の植物とされた竹に止まったスズメの姿が、図柄として調和が取れていることから、好んでモチーフとされた。

日光東照宮（栃木）

桐に鳳凰

霊鳥・鳳凰は、梧桐に宿り、竹の実を食べ、醴泉（れいせん）を飲むと伝わることにちなむ。

鶴岡八幡宮（神奈川）

その他の文様

紅葉にシカ（→p19）
桃にサル（→p15）

立身出世の瑞祥魚

コイ

恵比寿像がコイを持つ?

コイが龍に変じる「登龍門伝説」で知られるように、古くからコイは出世魚として重宝された。江戸時代になると、立身出世のシンボルとして鯉幟《こいのぼり》が登場。端午の節句の日、男児の出世と健やかな成長を願い、飾られるようになった。

また、コイは湖沼や川に棲息することから、その近辺に鎮座する神社では、コイを神の使いとして崇めている。大前《おおさき》神社（栃木）の若宮社・恵比寿神社の恵比寿像がコイを抱えているのもそのためだ。この辺りの地域では、古くから願い事をする際にはコイを五行川に放流する慣習があったという。それにちなみ、タイではなくコイを持つ恵比寿像がつくられたということだ。

主なご利益

商売繁盛
財福
諸願成就

ココで会える

大前神社（栃木）
広島護国神社（広島）
豊国神社（京都）
高椅神社（栃木）

【大前神社と五行川のコイ】

五行川沿いに鎮座する大前神社（栃木）の神のお使いはコイとされ、境内にはコイにちなむ彫刻や絵が多数残されている。高さ20メートルもの日本一大きな「恵比寿像」もタイではなくコイを持っている。

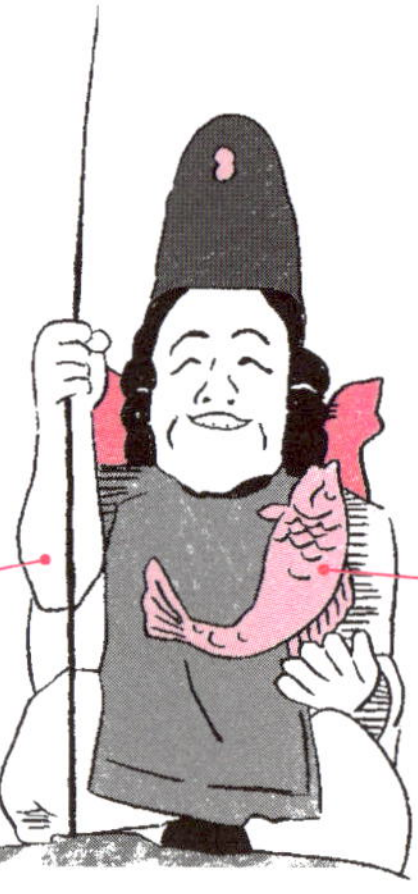

日本一大きい恵比寿像

1989年に大前神社の大規模修繕を行なう際、真岡に日本一のものをつくる計画が立てられたという。

黄金のコイ

侍がうっかり五行川のコイを食べようとしたところ、コイの血で「大前大権現」という文字が浮かび上がったという民話も語り継がれている。

本殿にはコイに乗る琴高仙人

大前神社本殿では、コイに乗る琴高仙人の極彩色の彫刻が見られる。琴高仙人は中国に伝わる仙人で琴の名手。龍の子を捕らえると宣言して川に入りコイに乗って出現したという故事が、古くから絵画や彫刻の題材になっている。

神社DATA

大前神社▶栃木県真岡市東郷937／主祭神：大己貴神／創建：不詳／交通：東野バス「大前神社前」からすぐ　**広島護国神社**▶広島県広島市中区基町21-2／主祭神：事変戦争の戦没者／創建：1869年／交通：アストラムライン県庁前駅より徒歩8分

【広島護国神社のコイの銅像】

広島城址公園内に鎮座する広島護国神社（広島）は、広島城が「鯉城」と呼ばれていたことにちなみ、コイを神の使いとしている。ちなみに「鯉城」の由来は「このあたりが己《こ》斐浦《いのうら》と呼ばれていたから」「濠にコイがたくさんいたから」など諸説あり定かではない。

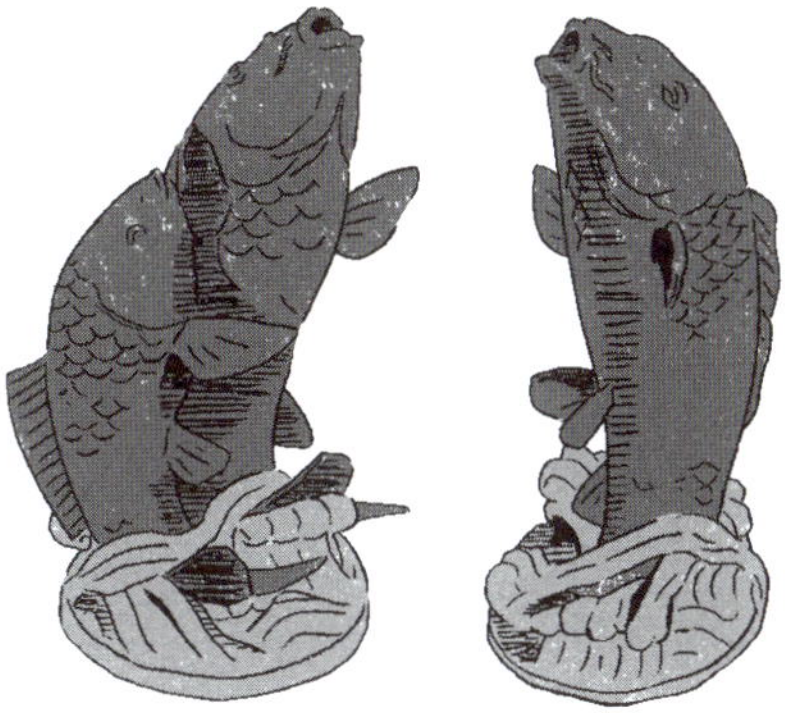

双鯉の像

本殿向かって左側にあるのは双鯉の像。２匹のコイが仲睦まじく泳ぐ様子を表現したもので、家内安全、夫婦円満、恋愛成就などのご利益があるという。

昇鯉の像

本殿向かって右側には、昇鯉の像がある。登龍門の故事にちなみ、コイが滝を登る姿を表わしている。開運出世や目標達成などのご利益があるとされる。

【豊国神社の国宝「唐門」のコイ】

唐門はかつて、豊臣秀吉が築いた伏見城の城門であったと伝えられる。滝をのぼる見事なコイが彫られているため、この唐門をくぐると出世できるといわれている。

唐門をくぐって参拝できるのは正月三箇日のみ。

【料理の神の使い・鯉明神】

高椅神社（栃木）は「鯉明神」とも呼ばれる。1029年、境内の井戸から大きなコイが現われたことを瑞祥とし、「日本一社禁鯉宮」の勅額が下賜された。以降、コイは神使とされ、神社の氏子らはコイを食べず、コイの絵が描かれた器を使用しないという。

料理の神

高椅神社は料理の神として信仰されている。景行天皇がこの地を訪れた際、同行した料理人の磐鹿六雁命（いわかむつかりのみこと）がとどまり神として祀られたという。

豆知識 鯉幟の誕生

もともと武家階級では家紋を描いた旗指物や吹き流しを玄関前に飾り、男児の成長と武運長久を祈ったが、江戸時代、これを見た町人が対抗意識から出世の象徴であるコイを幟にして立てたことで、鯉幟が広まったという。

『名所江戸百景』より。黒いコイは父、赤いコイは母、小さいコイは子ども。吹き流しには邪気を祓う力があるとされる。

神社DATA

豊国神社▶京都府京都市東山区大和大路正面茶屋町530／主祭神：豊臣秀吉公／創建：1599年／交通：市バス「博物館三十三間堂前」より徒歩5分　**高椅神社**▶栃木県小山市高椅702／主祭神：磐鹿六雁命／創建：景行天皇41年／交通：小山駅より車で30分

神が与える恵みの魚

サケ

主なご利益

豊漁

ココで会える

鮭神社（福岡）
山倉大神（千葉）

豊玉姫命の使い

川で産まれて海で成長し、再び故郷の川に戻って産卵し、一生を終える。このようなサケの生態から、古代の人々は霊的な力を感じ取り、神の恵みの魚として神聖視してきた。

鮭神社（福岡）は、そんなサケを神の使いとして崇めている。祭神は彦火火出見尊《ひこほほでみのみこと》と妻・豊玉姫命、子・鸕鶿草葺不合尊。海に帰った豊玉姫命が年に一度、夫と子への手紙をサケに託して送ったことにちなむと伝わる。現在、サケの棲息南限は太平洋側では千葉県、日本海側では新潟県辺りといわれる。古代には鮭神社近くを流れる遠賀川《おんががわ》にもサケが遡上していたといい、そこからサケ信仰が生まれたと考えられている。

【全国で唯一サケを祀る鮭神社】

遠賀川源流近くに鎮座する鮭神社は、日本で唯一、サケをご神体として祀る珍しい神社だ。『筑前国続風土記拾遺』によると、「祭礼の日、サケが神社付近の川まで遡上してくることから、神として祀っているのだろう」という。

サケに手紙を託す

日本神話において、豊玉姫命は出産姿を夫・山幸彦（彦火火出見尊）に見られたことに怒り、子・鸕鶿草葺不合尊を残して海へ帰る。しかし二人が恋しかったのか、年に一度、安否を尋ねる手紙をサケに託して送ったと言い伝えらる。

遠賀川のサケを奉納

『筑前国続風土記』ではサケを神饌の類ではないかとしている。毎年12月13日には献鮭祭が行なわれ、遠賀川で獲れたサケが奉納される。

神社DATA

鮭神社▶福岡県嘉麻市大隈542／主祭神：豊玉姫尊／創建：奈良時代後期／交通：市バス「上大隈」より徒歩3分

【神前にサケを供える「山倉の鮭祭り」】

毎年12月の第1日曜日、山倉大神（千葉）ではサケを神前に奉納する「鮭祭り（初卯祭）」が行なわれる。かつては神社近くを流れる栗山川にサケが遡上してきたという。

海神からの贈り物

かつては、祭りの日が近づくと、神社の近くを流れる栗山川にサケが遡上してきたという。地元の人々はこれを龍宮からの献物であると捉え、サケを「おしゃけさま」と呼んで崇めてきた。

「災いをサケる」護符を頒布

山倉大神に奉納されたサケは塩漬けにされ、祭りの前日、小さな切り身にさばかれる。「災いをサケる」護符であり、祭りの当日、参拝者に授与される。

Close up! アイヌの「カムイチェプ（神様の魚）」

サケは日本各地で大切に扱われてきた。たとえば北海道のアイヌの人々はサケを「カムイチェプ」と呼んだ。カムイは神様、チェプは魚を意味する。アイヌの人々にとって、毎年秋から冬にかけて、生まれた川に戻ってくるサケは神の恵み以外の何物でもなかった。サケの身は大事な食糧となったが、皮もまた、服や靴の材料として用いられた。

『蝦夷島奇観』に描かれたアイヌのサケ漁の様子。サケが遡上する前には、入り江の神、河口の神、川の神に祈りを捧げる祭りが行なわれていたという。

神社DATA 山倉大神▶千葉県香取市山倉2347-1／主祭神：高皇産霊神／創建：811年／交通：千葉交通バス「山倉大神前」より徒歩2分

不気味な軟体動物が海神を助ける

タコ

「怪物」から「神の使い」へ

　タコはその不気味で不思議な姿から、しばしば化け物として恐れられてきた。たとえば『和漢三才図会』では、長い足を持つタコはその吸盤を人間や動物の皮膚に吸着させて殺してしまうとある。

　一方、神仏を助けるタコの話も伝わっている。福岡神社（鳥取）ではタコを神使としているが、これは祭神・速玉男命《はやたまおのみこと》が熊野灘で嵐に遭遇した際、タコに助けられて同地に至ったことに由来するものだ。また早吸日女《はやすひめ》神社（大分）は、神武東征の際、タコが守護していた神剣を奉献された神武天皇がそれを祀るために建立したと伝わる。そこでタコは同社の神使とされている。

主なご利益

厄除け
開運
航海安全

ココで会える

福岡神社（鳥取）
早吸日女神社（大分）

【福岡神社とタコとの関係】

神話の時代、速玉男命が熊野から吉備へ向けて船出したとき、熊野灘で暴風雨にあった。船が転覆しそうになったとき、どこからともなく巨大なタコが現われ、速玉男命を無事吉備まで送り届けたという。この故事にちなみ、福岡神社は「蛸明神」として崇められている。

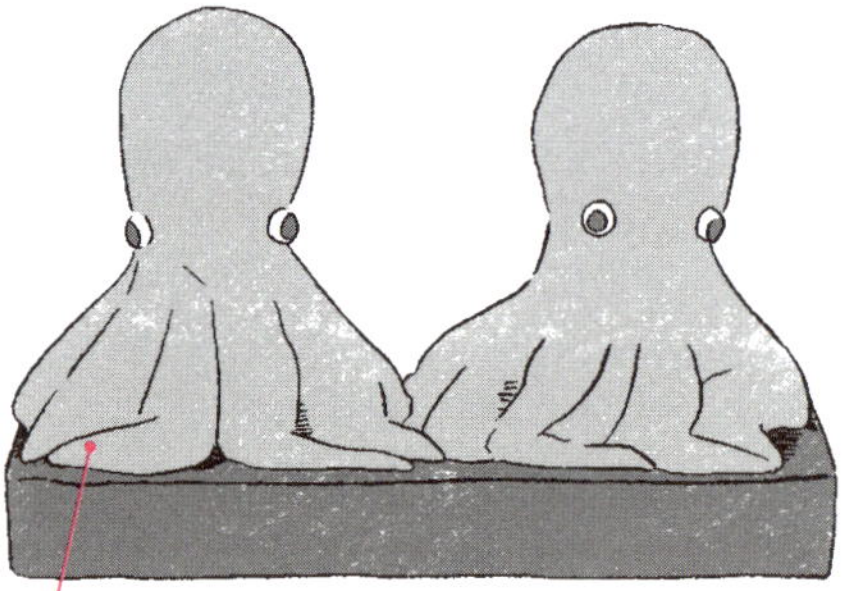

タコに助けられた速玉男命とは？

死んで黄泉国へと行ってしまった伊弉冉尊との永遠の別れを決意した伊弉諾尊が唾を吐いた際に誕生した神。

タコの像

伝承にちなんで境内にはタコの石像が奉納されている。昭和の初め頃まで、氏子はタコを食べないという風習が残っていたと伝わる。

蛸舞式神事

毎年10月に行なわれる故事にちなんだ祭礼。藁製のタコを捧げ持つ男を、ふんどし一丁の氏子らが8度担ぎ上げたのち、丸梁に抱きついたタコ役の男を8回転させる。日本三大奇祭のひとつ。

神社DATA
福岡神社▶鳥取県西伯郡伯耆町福岡／主祭神：速玉男命／創建：不詳／交通：伯備線伯耆溝口駅より車で30分

【早吸日女神社の「蛸断ち祈願」】

神話の時代、東征を志した神武天皇が速吸《はやすい》の瀬戸（豊後水道）を通りかかったとき、突然船が進まなくなる。それは海中で大タコが神剣を守っていたからだった。そこで海女の黒砂・真砂姉妹が海に潜って大タコから神剣を取り上げ、神武天皇に献上したという。早吸日女神社はこの神剣をご神体として祀り、大タコも神使として崇めている。

宝剣を守るタコ

伝承にちなんだ「宝剣を守るタコ」の絵が奉納されている。

蛸断ち祈願で心願成就

願掛けをしてタコの絵を神社に納め、一定期間（自分で設定）タコを食べずにいれば、無事願いが成就すると伝わる。

Close up! 目黒の蛸薬師

不老山薬師寺成就院（東京）は、本尊が「3匹のタコが支える薬師如来像」であることから、「蛸薬師」と呼ばれる。タコの絵の看板、タコの絵馬やお守りなど、境内はまさにタコづくし。また、江戸時代、タコを断って願掛けした女性のイボが消えたという伝承から、タコを断って祈ると願いがすべて叶うといわれる。

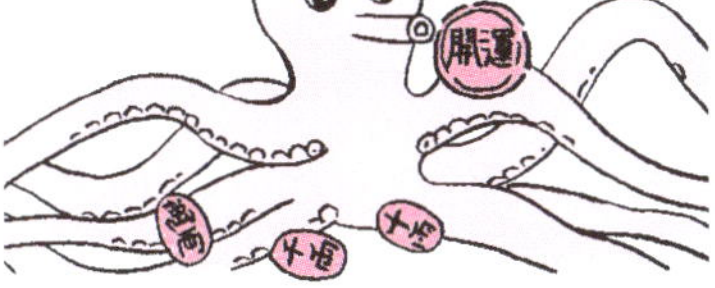

【化け物ダコの伝承】

骨がなく、8本の足を持つタコは、しばしば不気味な存在であると畏怖されてきた。実際、タコを化け物として描く伝説が多く残る。

人間を食べる滑川の大ダコ

江戸時代、滑川（富山）の名物は人馬を喰らう大ダコであったといわれ、『日本山海名産図会』にも描かれている。正体はミズダコ。大きいもので全長3メートルにも及ぶ巨大な姿を見て、昔の人々は化けダコとして恐れたのだろう。

欧米では「デビルフィッシュ」

欧米では、タコは「デビルフィッシュ（悪魔の魚）」と呼ばれた。そのため一部の国を除き、食用とされることはなかった。

神社DATA 早吸日女神社▶大分県大分市佐賀関3329／主祭神：八十枉津日神／創建：紀元前667年／交通：大分バス「佐賀関」より徒歩10分

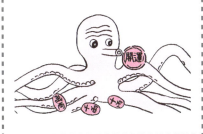

人々の命を救った「大命神」

マグロ

主なご利益

豊漁
招福
金運向上

ココで会える

西宮神社（兵庫）
柳原蛭子神社（兵庫）
支毘大命神（三重）

神がもたらした自然の恵み

食用としてのマグロの歴史は古く、すでに縄文時代の遺跡からマグロ類の骨が出土している。現在のように刺身として食べるようになったのは江戸時代のことであるが、マグロの別称「シビ」が「死日」に通じることから、あまり縁起のよい魚とは見なされなかった。

一方、三重県奈屋浦地区には、日本で唯一、マグロを祀った「支《し》毘《び》大《だい》命《みょう》神《じん》」がある。江戸時代、特大のマグロが3000尾も獲れ、奈屋浦の人々を飢饉から救ったことにちなむものだ。人々はマグロを神の恵みと感謝し、大明神の「明」を「命」と変え、感謝を捧げたのである。現在も、漁業関係者から篤く信仰されている。

【西宮神社に奉納されるマグロ】

西宮神社（兵庫）では、毎年正月、商売繁盛を願う「十日えびす」に先立ち、「招福大まぐろ奉納式」が行なわれる。

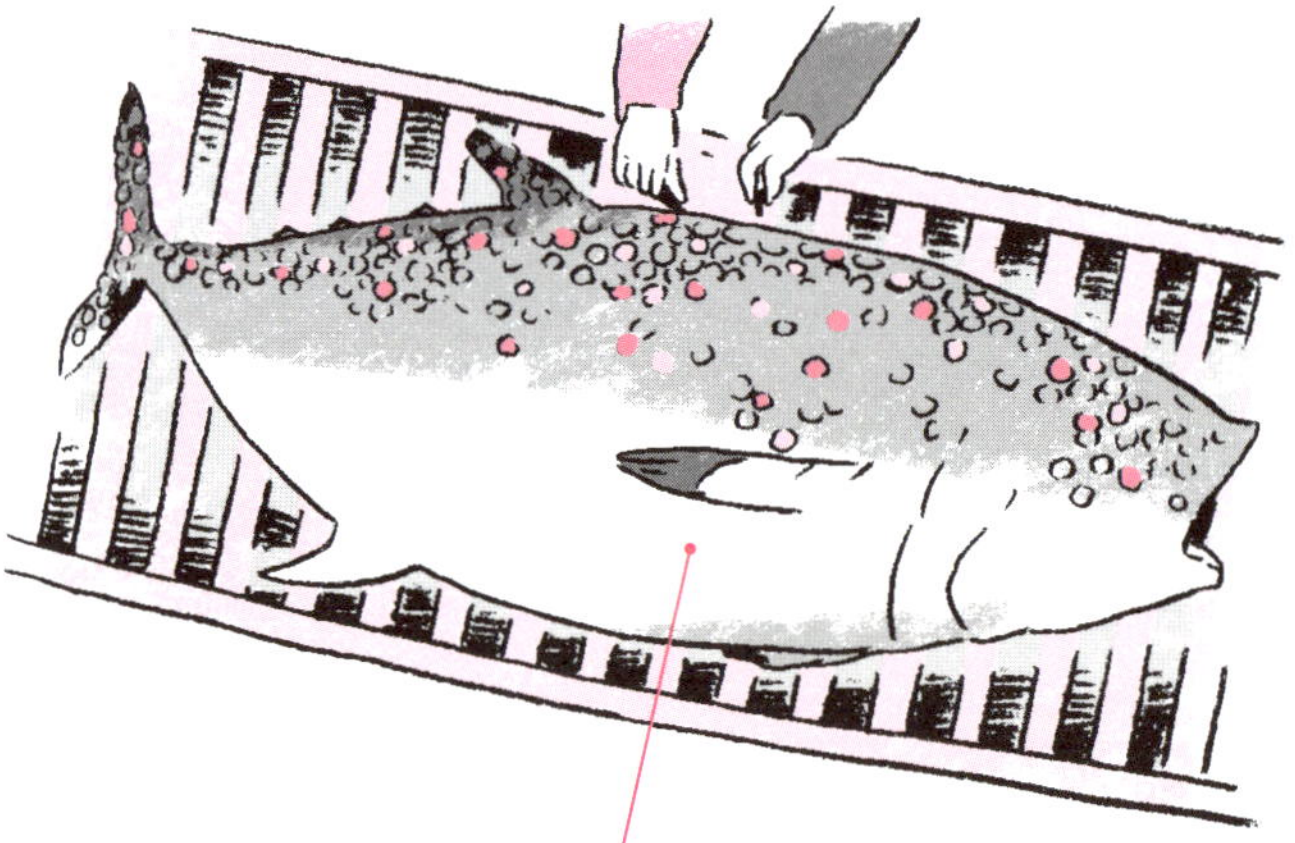

招福大まぐろ奉納式

豊漁を願い、大マグロ１匹、タイ２匹を神前に供える。1970年以来続く神事。

マグロの体におさい銭

神事が終わると、参拝客はこぞってマグロにおさい銭を貼りつける。「お金が身につく」ということで、金運向上のご利益があるという。その後、マグロにつけられたおさい銭は集められて奉納され、また、マグロも解体し、祭りの関係者でいただく。

神社DATA
西宮神社▶兵庫県西宮市社家町1-17／主祭神：蛭児大神／創建：不詳／交通：阪神電車西宮駅より徒歩5分

【商売繁盛を願う「まぐろ奉納神事」】

柳《やなぎ》原《はら》蛭《ひる》子《こ》神社（兵庫）でも、「十日えびす」に先立ち、
神前にマグロを奉納する「まぐろ奉納神事」が営まれる。

市場から神社へ

神前に供えられるマグロは、神戸市中央卸売市場から運ばれる。まぐろ奉納神輿を担いだ一行は市場を出発したのち、柳原蛭子神社周辺を練り歩き、本殿へ向かう。

十日えびす大祭

毎年1月9日から11日にかけて行なわれる十日えびす大祭では、マグロのほか、ブリやタイなどの鮮魚も奉納される。鮮魚奉納は、1962年から続く神事だという。神事後、鮮魚類はいったん神戸市中央卸売市場に戻され、傷んでいない魚は関係者一同に振る舞われる。

【江戸時代は下魚だった！】

縄文時代の遺跡からマグロの骨が出土しているように、古くからマグロは日本人にとって身近な魚だった。刺身として食べられるようになったのは江戸時代のことだが、『本朝食鑑』に「およそ士以上の人はこれを喰わず」とあるように、当時、マグロは下魚と捉えられていた。

士族以上は食べない

いまでは高級魚として扱われることもあるマグロだが、江戸時代はあまり好まれた食べ物ではなかった。

Close up! 人々の命を救った支毘大命神

照泉寺（三重）の境内には、「支毘大命神」と刻まれた石碑が2基立っている。支毘はマグロのこと。つまり、マグロを神として祀っているのである。その由来は1867年に遡る。幕末の世情不安と凶作が重なり、奈屋浦地区の人々は餓死寸前にまで追い詰められた。そんなとき海岸に大量のマグロがやってきて、3000尾も獲れたという。飢え死にを免れた人々は、マグロは神仏の恵みに違いないと供養塔を立て、感謝の祈りを捧げたのだという。

神社DATA

柳原蛭子神社▶兵庫県神戸市兵庫区西柳原町5-20／主祭神：蛭子大神／創建：不詳／交通：兵庫駅より徒歩5分　**支毘大命神**▶三重県度会郡南伊勢町奈屋浦57／主祭神：支毘大命神／創建：1880年／交通：町営バス「奈屋」より徒歩8分

魔を祓う水の神の使者

カニ

主なご利益

豊作
商売繁盛
金運向上

ココで会える

金毘羅大権現（長崎）
渋田見諏訪神社（長野）

縄文時代から信じられていた霊力

　カニが脱皮して成長する様子や、足が再生する姿などを見て、古代の人々はカニには霊力があると信じたようである。実際、縄文時代の遺跡からはカニが掘られた線刻礫《せんこくれき》が出土している。現代でも、地方によってはカニの甲羅を家の入口にかけ、邪気を祓うという習俗が残る。

　カニは水辺を棲息地とすることから、水の神の使者であるとも考えられた。たとえば海の守護神・金毘羅権現《こんぴらごんげん》を信仰する人々のなかには、大願を叶えるためにカニを決して食べないという人もいるという。また、誤ってカニを食べてしまったら、最低50日は参詣してはいけないとする風習も存在したと伝わる。

【金毘羅大権現のカニ像】

金毘羅大権現（長崎）の境内には、左右一対のカニ像が安置されている。カニは海の守護神・金毘羅権現の使いとされる。

武運長久を願うカニ

戦地へ赴く子の武運長久、安全を願って奉納されたと伝わる。

【渋田見諏訪神社のカニ】

渋田見《しぶたみ》諏訪神社（長野）の境内にある金比羅神社本殿の屋根には珍しいカニの彫刻がある。

懸魚のカニ

小さい社だが、1824年に宮大工が手掛けた立派な彫刻で飾られている。

神社DATA　**金毘羅大権現**▶長崎県諫早市小野町1177-2／主祭神：金毘羅権現／創建：宝暦年間／交通：県営バス「本村」より徒歩30分

【蟹満寺に伝わる「カニ伝説」】

蟹満寺（京都）は、カニを祀る珍しい寺院だ。境内ではカニの恩返し縁起に基づいた扁額や石像、蟇股、燈籠を見ることができる。

カニの恩返し

山城国に住んでいた心優しい娘が、村人に捕らえられたカニをあわれみ買い取って命を救ってやったが、後日、ヘビに求婚され、襲われるという悲劇に見舞われる。すると、カニが仲間とともに現れて命と引き換えにヘビを退治した。娘はカニに感謝を捧げるとともに、その冥福を祈って蟹満寺を建立したという。

お金にまつわるご利益

カニは石をかき集める性質を持つことから、お金をかき集めるとして商売繁盛、金運向上のご利益があるとされる。

豆知識

戦国武将にも信仰されたカニ

鋭いツメに、堅固な甲羅を持つカニは、武威の象徴として武士の信仰を集めた。『寛政重修諸家譜』によると、紀氏に連なる寺沢氏、清和源氏頼清流の屋代氏が蟹紋を使用したという。

【智福院のカニ像】

蟹王山智福院（宮城）にも「恩返しとしてヘビを退治し息絶えたカニを娘が大切に供養した」という伝承が残る。境内にはカニ像や子宝と蓄財のご利益のある「撫で蟹」がある。

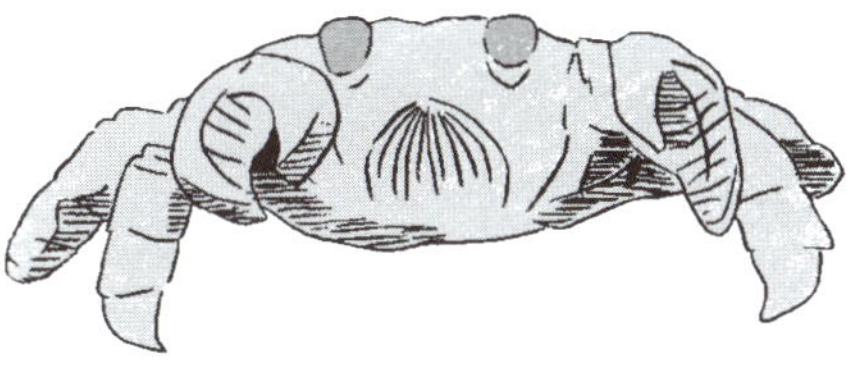

カニを供養してご利益にあずかる

娘の伝承にちなみ、カニを供養すればすべての願い事が成就するという信仰が生まれたという。

神社DATA

渋田見諏訪神社▶長野県北安曇郡池田町会染8653／主祭神：建御名方命／創建：不詳／交通：大糸線信濃松川駅より車で20分

第参章

空の生き物

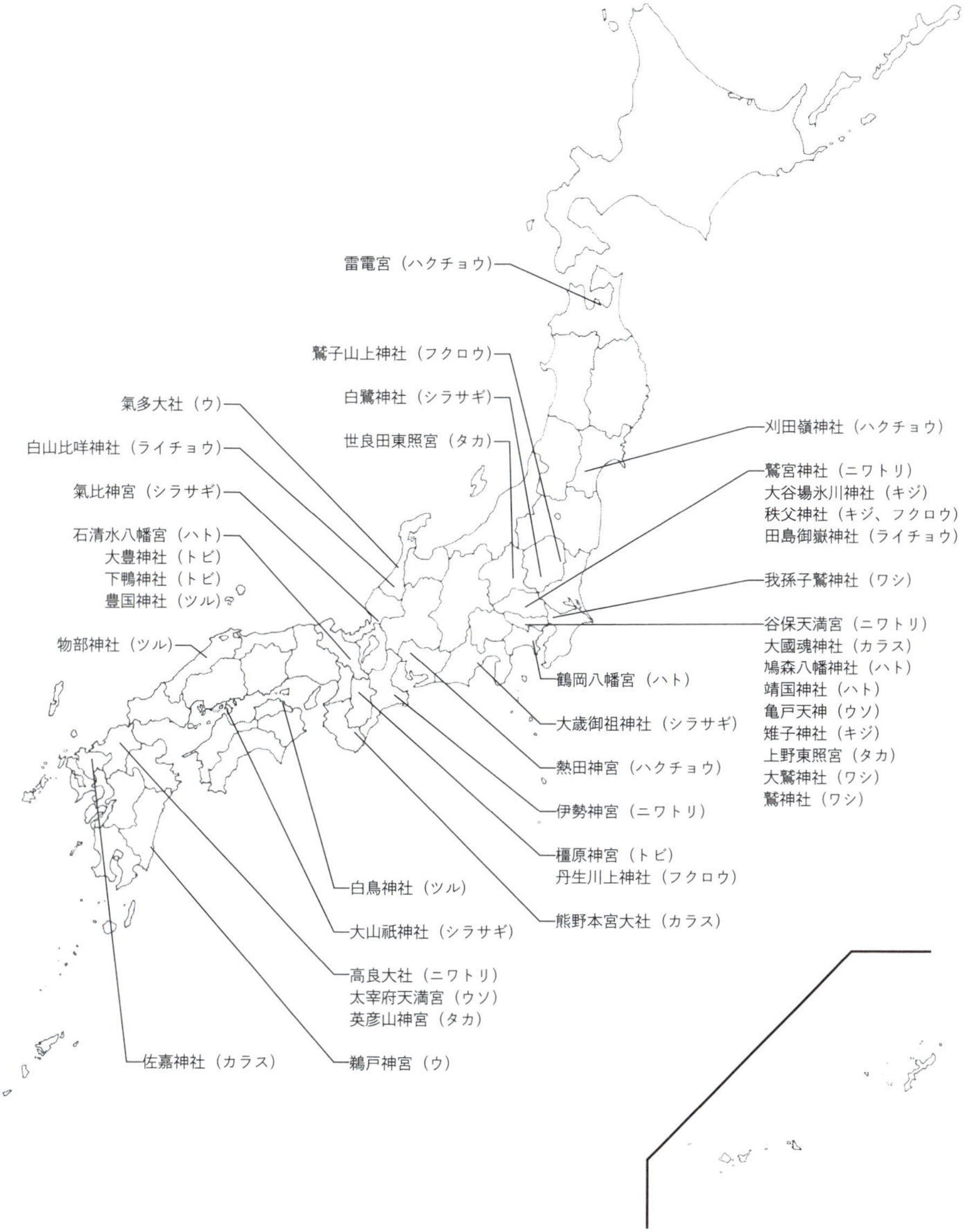
雷電宮（ハクチョウ）
鷲子山上神社（フクロウ）
白鷺神社（シラサギ）
世良田東照宮（タカ）
氣多大社（ウ）
白山比咩神社（ライチョウ）
氣比神宮（シラサギ）
石清水八幡宮（ハト）
大豊神社（トビ）
下鴨神社（トビ）
豊国神社（ツル）
物部神社（ツル）
刈田嶺神社（ハクチョウ）
鷲宮神社（ニワトリ）
大谷場氷川神社（キジ）
秩父神社（キジ、フクロウ）
田島御嶽神社（ライチョウ）
我孫子鷲神社（ワシ）
谷保天満宮（ニワトリ）
大國魂神社（カラス）
鳩森八幡神社（ハト）
靖国神社（ハト）
亀戸天神（ウソ）
雉子神社（キジ）
上野東照宮（タカ）
大鷲神社（ワシ）
鷲神社（ワシ）
鶴岡八幡宮（ハト）
大歳御祖神社（シラサギ）
熱田神宮（ハクチョウ）
伊勢神宮（ニワトリ）
橿原神宮（トビ）
丹生川上神社（フクロウ）
熊野本宮大社（カラス）
白鳥神社（ツル）
大山祇神社（シラサギ）
高良大社（ニワトリ）
太宰府天満宮（ウソ）
英彦山神宮（タカ）
鵜戸神宮（ウ）
佐嘉神社（カラス）

邪気を祓い、朝の訪れを告げる

ニワトリ

主なご利益

五穀豊穣
招福
健康長寿

ココで会える

伊勢神宮（三重）
谷保天満宮（東京）
鷲宮神社（埼玉）
高良大社（福岡）

太陽神の使い

ニワトリは、朝の訪れを告げる霊鳥として、古来崇められてきた。神聖な鳥であることから、古くは食べることも禁じられていた。

日本神話においても常世長鳴鳥《とこよのながなきどり》として登場。夜明けを告げ、天岩戸に隠れてしまった日神・天照大御神《あまてらすおおみかみ》を呼び戻すことにひと役買っている。

この故事にちなみ、ニワトリは天照大御神の使いであると考えられるようになった。天照大御神を祀る伊勢神宮では境内にニワトリが放し飼いにされているほか、式年遷宮の際、神職がニワトリの鳴き声（カケコー）を唱える「鶏鳴三《けいめいさん》声《せい》」が行なわれる。このあと、神々は旧殿から新殿へと遷っていくのである。

【天岩戸神話とニワトリ】

『古事記』の天岩戸神話でニワトリは「常世長鳴鳥」と記される。夜明けに鳴く習性を持つことから、古来、闇夜を祓い、光に満ちた朝をもたらす霊鳥として崇められた。

皇祖神・天照大御神

太陽神であり、皇室の祖神。黄泉国から戻った伊弉諾尊が禊を行なった際に左目から誕生したとされる。神々（天津神）が住まう天上界・高天原を統治する。

神社DATA

伊勢神宮▶三重県伊勢市宇治館町1／主祭神：天照大御神／創建：不詳／交通：近鉄鳥羽線五十鈴川駅より徒歩30分　**谷保天満宮**▶東京都国立市谷保5209／主祭神：菅原道真公／創建：903年／交通：南武線谷保駅より徒歩3分

【伊勢神宮の神使・ニワトリ】

ニワトリは天照大御神の使い「神鶏」と崇められており、伊勢神宮（三重）の境内では放し飼いにされている。ニワトリは奉納されたもので、飼育管理されておらず、小動物による被害を受けることもしばしばだとか。

時を告げる鳥

ニワトリは時を告げる鳥として信仰されてきた。丑の刻（午前2時頃）に鳴くのを一番鶏、寅の刻（午前4時頃）に鳴くのを二番鶏という。

豆知識 谷保天満宮のニワトリ

天満宮の神使といえばウシが有名であるが、谷保（やぼ）天満宮（東京）にはウシに加えてニワトリもいる。数十年前、獅子頭の面に鳥の羽を使用するために様々な鳥を飼い始めたのがきっかけとのこと。

豆知識 ニワトリに変じた神

高良大社（福岡）の付近に鬼が現われたとき、神社の祭神・高良玉垂命（こうらたまたれのみこと）が白鶏に姿を変え追い払ったという。神社の授与品・神籠石（こうごいし）伝説厄除鬼はこの伝説にちなんで1992年に制作されたもので、災厄除けのご利益がある。

【鷲宮神社の金灯篭】

鷲宮《わしのみや》神社（埼玉）の境内ではニワトリの彫刻がほどこされた「金灯篭《かなどうろう》」を見ることができる。鷲宮神社が「お酉様」の本社であることにちなむといわれている。

江戸の職人の業

1829年に奉納。美しく精巧な雌雄のニワトリの彫刻に職人の技術の高さがうかがえる。

神社DATA

鷲宮神社▶埼玉県久喜市鷲宮1-6-1／主祭神：天穂日命／創建：不詳／交通：東武伊勢崎線鷲宮駅より徒歩8分　**高良大社**▶福岡県久留米市御井町1／主祭神：高良玉垂命／創建：400年／交通：西鉄バス「御井町」より徒歩20分

神意を伝える霊鳥

カラス

主なご利益
諸願成就
五穀豊穣
厄除け

ココで会える
熊野本宮大社（和歌山）
佐嘉神社（佐賀）
大國魂神社（東京）

神武天皇を先導

漆黒の羽を持ち、不気味な声で鳴くカラスは、古来、人の死や災いを告げる凶鳥と信じられていた。しかし一方で、木々が生い茂る場所に棲息し、しばしば人里に姿を現わすカラスを、古代の人々は山の神の使いであるとも考えた。

日本神話でも、カラスは神意を伝える霊鳥として登場する。神武天皇が熊野から大和へ向かうとき、天照大御神の使いであるヤタガラスが現われて一行を先導。神武天皇は無事大和を平定し、初代天皇となった。この神話にちなみ、熊野三山では三本足のカラスを神の使いとしており、カラスの絵が描かれた牛王《ごおう》宝印を頒布している。

【神武天皇を導いたヤタガラス】

日本神話において、神武天皇が熊野から大和へ向かうとき、天から派遣された「八咫烏（ヤタガラス）」がその先導役をつとめた。咫は長さの単位のことで、非常に巨大なカラスであるとされた。しばしば三本足で表現されるが、日本神話にはそのような記述はない。

ヤタガラス
古代中国の「太陽のなかに三本足のカラスが棲む」という伝承と結びつき、ヤタガラスといえば三本足となったといわれる。

日本の初代神武天皇
天孫・瓊瓊杵尊の曾孫で、鸕鷀草葺不合尊の子。45歳のときに日向から大和へ東征して大和を平定。橿原の地に宮を築き、初代天皇として即位したという。

神社DATA 熊野本宮大社▶和歌山県田辺市本宮町本宮／主祭神：家都美御子大神／創建：不詳／交通：熊野交通・奈良交通バス「本宮大社前」からすぐ

【熊野三山の神使・ヤタガラス】

神武天皇の神話にもとづき、熊野三山ではヤタガラスを神の使いとして信仰している。熊野三山で頒布される「牛王宝印」も、特殊なカラス文字で書かれている。熊野本宮大社のものは88羽、熊野那智大社は72羽、熊野速玉大社は48羽のカラスが描かれており、いずれも飛ぶ姿で、足は描かれていない。

お札にも
ヤタガラスが
描かれる

かつては誓約書や起請文の代用品であったが、現代では厄除けの護符として信仰されている。

八咫ポスト

熊野本宮大社の拝殿横には、神使ヤタガラスにちなんだ「八咫ポスト」が設置されている。黒色はヤタガラスの体色であり、また、本宮の大地を象徴する神聖な色であるともいう。集配は１日１回で、実際にはがきや手紙を送ることができる。なお、2018年は創建2050年であることから、特別にヤタガラスの消印が押印されるという。

Close up! 五穀豊穣の呪法 カラス団扇

毎年7月20日、大國魂神社（東京）ではすもも祭が行なわれ、カラス柄の団扇が授与される。神代、穀物を司る歳神がイナゴから稲を守るための呪法として、カラス柄の団扇で扇ぐことを人々に教えたことに由来すると伝わる。

【勝利を呼ぶカチガラス】

佐嘉《さが》神社（佐賀）の授与品・勝守に描かれるカチガラスは、古来、勝負事にご利益のある縁起のよい鳥であるとして親しまれてきた。16世紀、豊臣秀吉の朝鮮出兵の折、肥前藩主・鍋島直茂が「ヒゼンカチカチ」と鳴くカササギを縁起がよいとして朝鮮半島から持ち帰り、肥前藩で保護、繁殖したと伝わる。

カチガラス

カチガラスは、カササギというカラス科の鳥のこと。日本では佐賀平野を中心に、九州北部地方にのみ棲息している。

神社DATA

佐嘉神社▶佐賀県佐賀市松原2-10-43／主祭神：鍋島直正命／創建：1873年／交通：昭和バス「佐嘉神社前」からすぐ　**大國魂神社**▶東京都府中市宮町3-1／主祭神：大國魂大神／創建：111年／交通：京王線府中駅より徒歩5分

武士からの信仰を集めた軍神の使い

ハト

寺社との深い関わりを持つ「堂鳩」

街中でよく見かけるドバトは「堂鳩」とも表記されるように、古くから寺社との関わりが深い鳥だった。すでに平安時代末期から、寺社の境内に群棲していたともいわれる。

なかでも、八幡神（応神天皇）の使いであるとされたことから、八幡宮では古来、ハトを霊鳥として崇めてきた。ハトが八幡神の使いとなった理由には諸説あり、「宇佐神宮から石清水《いわしみず》八幡宮へ八幡神を勧請した際、船の帆柱の上に金色のハトが現われたため」「ハトはつがいで飛び、向かい合って止まると八の字になるから」などといわれる。また、白ハトは平和のシンボルとされ、靖国神社で放し飼いにされている。

主なご利益

厄除け
戦勝
交通安全

ココで会える

石清水八幡宮（京都）
鳩森八幡神社（東京）
靖国神社（東京）
鶴岡八幡宮（神奈川）

【石清水八幡宮のハト】

八幡神の使いがハトであるとされることから、石清水八幡宮（京都）の境内では様々なハトの図像を見ることができる。

ハトの彫刻も「阿・吽」形

本殿正面に彫刻されたハトも、くちばしで「阿・吽」形を表現。

八幡神の使い

平安時代に成立した軍記『陸奥話記』に八幡神の使いがハトであるという記述があり、古くからハトは八幡神と結びつけられていたことがわかる。

Point 扁額にもハトがいる

扁額では、つがいのハトが互いに向き合って八の字を形成している。

神社DATA

石清水八幡宮▶京都府八幡市八幡高坊30／主祭神：応神天皇／創建：859年／交通：男山ケーブル男山山上駅より徒歩5分　**鳩森八幡神社**▶東京都渋谷区千駄ヶ谷1-1-24／主祭神：応神天皇／創建：860年／交通：総武線千駄ヶ谷駅より徒歩5分

【白鳩の霊瑞により鎮座した鳩森八幡神社】

鳩森八幡神社（東京）の神使もやはりハトであるが、その由来について八幡神伝承とは異なった縁起が伝わっている。

白鳩の霊瑞

『江戸名所図会』によると、その昔、森に天から白雲が降りてきた。不思議に思った村人が森の中へ入ると、白鳩が数羽、飛び立っていったという。これはめでたいことが起こる前兆に違いないと、村人はそこに小さな祠を建て、「鳩森」と名づけたと伝えられる。

おみくじはハト

境内では神使であるハトにちなんだ「鳩みくじ」を引くことができる。神の言葉を告げてくれるハトがかわいく、持ち帰る参拝者は多いそう。また、絵馬やお守り、ストラップなど、ハトをモチーフとした授与品もある。

豆知識 鶴岡八幡宮と鎌倉名物・鳩サブレー

鳩サブレーは、鶴岡八幡宮（神奈川）の神使ハトをモチーフにしたお菓子。製造・販売元の鎌倉豊島屋のHPによると、明治30年頃、外国人からビスケットをもらった初代・久次郎はその味に感銘を受け、日本でもつくろうと思い立つ。鶴岡八幡宮を崇敬する久次郎は、境内に棲息するハトの形をしたビスケットを考案したのだという。

【靖国神社の鳩魂塔】

靖国神社（東京）には動物の供養塔がたくさんあり、そのなかにハトを祀ったものもある。これは戦場で活躍したハトを供養するために奉納された。ハトは帰巣本能が強いことから、古くから伝書鳩として利用された。

戦場を飛び交ったハト

日本では江戸時代から伝書鳩の記録があるが、本格的な利用は明治時代半ばのこと。戦場における軍事通信の手段だった。

神社DATA

靖国神社▶東京都千代田区九段北3-1-1／主祭神：事変戦争の戦没者／創建：1869年／交通：九段下駅より徒歩5分　**鶴岡八幡宮**▶神奈川県鎌倉市雪ノ下2-1-31／主祭神：応神天皇／創建：1063年／交通：鎌倉駅より徒歩10分

天神に仕える美しき霊鳥

ウソ

主なご利益

招福
開運
合格祈願

ココで会える

太宰府天満宮（福岡）
亀戸天神（東京）

「凶」と「吉」を取り替える

ウソという鳥は、鎌倉時代からその名で呼ばれていたという。口笛を吹くようにさえずることから、「嘯鳥《うそどり》」とも呼ばれた。色彩の美しさに加え、声のよさを併せ持つウソは古来、日本人から愛されてきた鳥で、天神・菅原道真公の使いであるとも考えられた。「道真公が蜂の大群に襲われた際、ウソの群れが現われて救ったため」「太宰府天満宮の梅の木によく群れていたことから」など、神使となった理由は諸説ある。

また、ウソという音が「嘘」に通じることから、江戸時代、「凶事を嘘にして吉事に取り（鳥）替える」鷽《うそ》替え神事が行なわれるようになり、木彫りのウソを取り替える風習がある。

【太宰府天満宮のウソ】

ウソが祭神・菅原道真公の神使となった由来は上記のほか、「鷽と學が似ていることから、学問の神である道真と結びつけられた」「道真は嘘をつかない誠実な人だったことから、ウソが神使とされた」など様々ある。

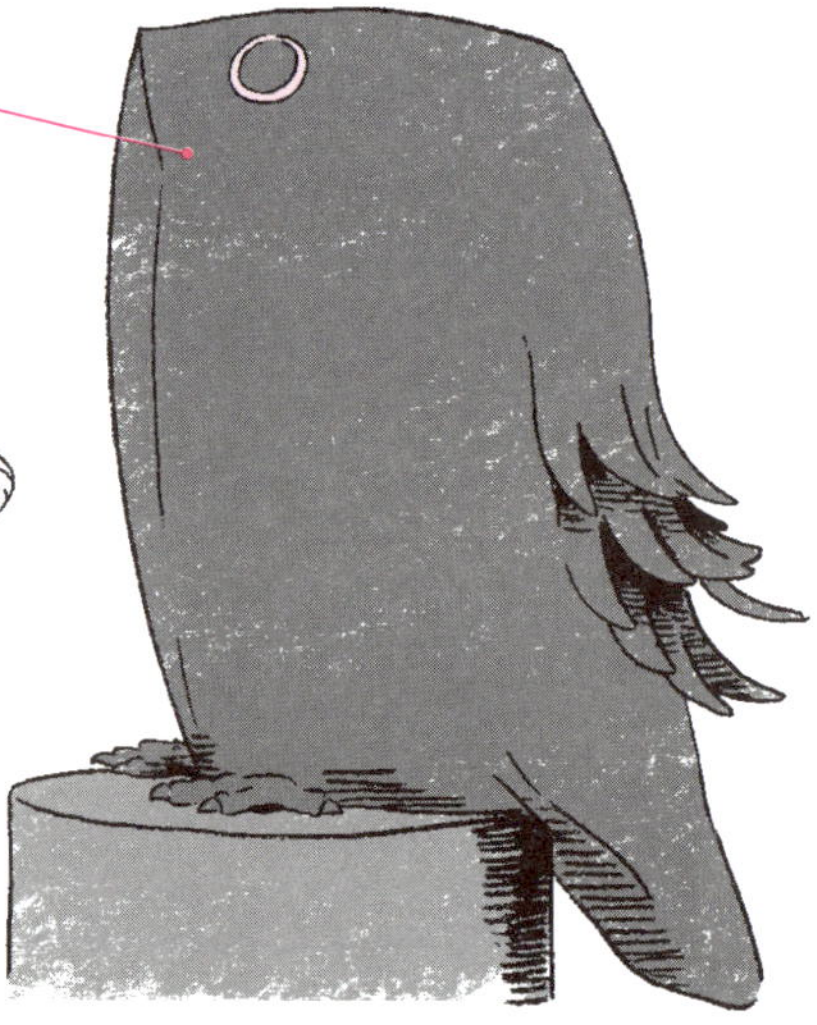

様々なウソ像

境内のかわいいウソ像は1852年の奉納。そのほか、ウソをデザインした授与品がある。

日本人に愛されたウソとは？

ウソは毎年冬になると人里へやってくる。色彩が美しく鳴き声も美しいので、古くから籠で飼われ親しまれてきた。

神社DATA
太宰府天満宮▶福岡県太宰府市宰府4-7-1／主祭神：菅原道真公／創建：919年／交通：西鉄電車太宰府駅より徒歩5分

【「凶事」を「吉事」に取り替える鷽替え神事】

毎年正月、天神を祀る神社では、「鷽替え神事」が行なわれる。江戸時代の旧暦正月7日、木製のウソ像を袂に入れて太宰府天満宮に参詣し、「うそを替へむ」と言いながらほかの参詣者の像と交換した。これにより、前年の不幸が嘘に替わり、吉運となると信じられた。

他地域への波及

1820年頃には亀戸天神（東京）や大阪天満宮（大阪）などでも行なわれるようになり、ほかの天神社にも伝わった。

神職の手づくり

神社が授与するウソ像を受け取り、翌年、それを取り換えてもらうことで、開運のご利益を得られるとされる。ウソ像の多くは神社の神職が彫ったもの。江戸時代は参拝者自身でウソ像をつくったという。

【亀戸天神のウソの碑】

亀戸天神（東京）でもウソは神使として信仰されており、境内にはウソをかたどった碑が置かれる。鷽替え神事も毎年大行列ができる人気だ。

豆知識　開運鷽鈴

木彫りのウソは鷽替え神事でしか授与されないが、心地のよい音色が邪気を祓う開運鷽鈴などの授与品もある。

紀元2600年記念のウソ

本殿の手前にウソの碑がある。1940年、神武天皇の即位2600年を祝い、氏子によって奉納された。

亀戸天神の木鷽

鷽替え神事の日限定で頒布。

神社DATA **亀戸天神**▶東京都江東区亀戸3-6-1／主祭神：菅原道真公／創建：1646年／交通：総武線亀戸駅より徒歩15分

まばゆい光を放ち、神武天皇を救う

トビ

主なご利益
招福
戦勝
火難除け

ココで会える
橿原神宮（奈良）
大豊神社（京都）
下鴨神社（京都）

日本神話に登場する金鵄

全体が黒褐色で、翼を広げると1メートル60センチ以上にもなる大型のトビは、古くから日本人になじみ深い猛禽類で、すでに奈良時代にはトビと呼ばれていた。地方によってはトビと天気を結びつけ、「朝、トビが輪を描いて飛べば晴れ、夕方に飛べば雨になる」などと言い伝えられている。

日本神話には、神武天皇を勝利に導く金色のトビ「金鵄《きんし》」が登場する。この故事にちなみ、神武天皇を祭神とする橿原《かしはら》神宮（奈良）では金鵄を瑞鳥として崇めている。

一方、大空を悠然と飛翔する姿から、平安時代、トビは天狗の化身とされるようにもなった。

【神武天皇を助けた金色のトビ】

日本神話によると、東征する神武天皇の前に、大和国の豪族・長髄彦《ながすねひこ》が２度に渡って立ちはだかった。兄・五瀬《いつせの》命《みこと》を失うなど苦戦を強いられた神武天皇だったが、黄金のトビの助力を得、勝利を収めることができた。

大和国の豪族と戦う神武天皇

神武天皇を勝利に導いた金鵄

神武天皇が苦戦を強いられているとき、黄金のトビが現われ、天皇の弓の先に止まった。敵はトビが放つまばゆい光に惑わされて戦意を失った。

金鵄勲章のモデル

神武天皇の故事にちなみ、近代以降、軍事の功績者には弓に金鵄が止まったデザインの「金鵄勲章」が授与された。

神社DATA

橿原神宮▶奈良県橿原市久米町934／主祭神：神武天皇、媛蹈韛五十鈴媛命／創建：1890年／交通：橿原線橿原神宮前駅より徒歩10分

【大豊神社のトビ像】

大豊神社（京都）の末社・愛宕社の前には、トビの像が置かれている。愛宕山に棲む天狗に由来するものだと伝えられている。

愛宕山の天狗に由来

愛宕社の総本社は、愛宕山の山頂にある。トビは、愛宕山を守護する鳥であるとされ、また、愛宕山に棲む天狗は鳶帽子をかぶっているといわれることから、トビの像がつくられたのだという。

天狗の正体はトビ？

『今昔物語』にトビが天狗となって活躍する物語が収められているように、古くから天狗はトビが変身したものであると考えられていた。術が見破られて死んだ天狗は、翼の折れた無様な「くそトビ」という正体を現わすという。

『芳年略画「頼政・天狗の世界」』より

豆知識 トビがタカを生む

平凡な親から優れた子が産まれることを意味する、「トビがタカを生む」というたとえがある。「トビがクジャクを生む」ともいう。昔からトビにはあまり高い評価は与えられなかった。『枕草子』にも、カラスと並び、鑑賞する者は誰もいない鳥と紹介されている。トビは、カラス同様、死んだり、弱ったりした動物を食べる習性がある。このような姿が人々の目に卑しく映ったようだ。

【トビに変身した賀茂建角身命】

神武天皇を助けた金鵄は、下鴨神社（京都）の祭神であり、古代京都を開拓したとされる賀《か》茂《も》建角身命《たけつのみのみこと》の化身であるともいわれる。下鴨神社ではトビをデザインした金色の勝守などを扱っている。

賀茂建角身命

『山城国風土記逸文』によると、天から日向に降った賀茂建角身命は神武天皇を先導したのち、高野川と賀茂川が合流する地点に鎮座したという。現在の下鴨神社の場所である。

ヤタガラスと同一視

『新撰姓氏録』によると、神武天皇の東征の際、賀茂建角身命はヤタガラスに姿を変えて天皇一行を大和に導いた。また、金色のトビに化身し天皇の手助けをしたと伝えられる。

神社DATA

大豊神社▶京都府京都市左京区鹿ケ谷宮ノ前町1／主祭神：少彦名命／創建：887年／交通：市バス「東天王町」より徒歩10分　**下鴨神社**▶京都府京都市左京区下鴨泉川町59／主祭神：賀茂建角身命、玉依媛命／創建：不詳／交通：市バス「下鴨神社前」からすぐ

翌年の吉凶を告げる

ウ

主なご利益
五穀豊穣
安産
子授け

ココで会える
氣多大社（石川）
鵜戸神宮（宮崎）

進む方向で吉凶を占う

日本で見られるウはウミウ、カワウ、ヒメウなどであるが、そのうち、氣多《けた》大社（石川）の神使とされるのは、ウミウである。伝承によると、神代の頃、主祭神・大国主神が初めて七尾市鵜浦町鹿渡島《かどしま》に来着した際、同地の地主神・御門《みかど》主比古神《ぬしひこのかみ》がウを捕まえて献上したことにちなむといわれる。この故事に則り、毎年12月16日には鵜祭が行なわれる。事前に鹿渡島の断崖で生け捕ったウを神前に放ち、その翌年の吉凶を占うというものだ。古くは、鵜祭りで国家の大事が占われることもあったという。

また、呑み込んだ魚を容易に吐き出すウの習性から、安産信仰も生まれた。

【氣多大社の神使・ウ】

氣多大社ではウを神使としており、おみくじには御幣をくわえたウが描かれている。御幣は神の依代、あるいはご神体そのものであり、ウが神の使いであることを表現している。

ウミウ

氣多大社の神使とされるウミウは、カワウよりも少し大型で、羽に緑色の光沢がある。

氣多の鵜祭

毎年12月10日頃、鵜浦町鹿渡島の断崖でウを捕まえるところから、祭りは始まる。ウを捕らえられなかったら神事は中止となる。祭儀は16日午前3時頃から行なわれ、神前に放たれたウの方角を見て、来年の吉凶が占われる。

神社DATA　**氣多大社**▶石川県羽咋市寺家町ク1／主祭神：大己貴命／創建：不詳／交通：北陸能登バス「一の宮」より徒歩5分

【安産のお守りとされたウの羽】

日本神話に「豊玉姫命が子を産むため鵜の羽を葺いて産屋をつくった」という伝承があるように、古くからウは安産信仰に結びついていた。

鵜戸神宮本殿

ウの羽で産屋をつくる豊玉姫命

1884年、小林永濯『鮮斎永濯画譜』にも描かれた。豊玉姫命の産屋の跡が、現在の鵜戸神宮の本殿（右）であると伝えられる。

豆知識 長良川の鵜飼

長良川の鵜飼に使われるウも、ウミウである。鵜飼の起源は不明だが、古墳時代にはすでに行なわれていたと見られている。長良川の鵜飼は7世紀頃に始まったとされ、織田信長や徳川家康、さらには天皇家の保護を受け、現代にまで受け継がれてきた。鵜匠の正式名称は「宮内庁式部職鵜匠」。世襲制だという。

『木曽街道六拾九次』「岐阻路ノ駅河渡長柄川鵜飼船」渓斎英泉

神社DATA 鵜戸神宮▶宮崎県日南市大字宮浦3232／主祭神：日子波瀲武鸕鷀草葺不合尊／創建：崇神天皇年間／交通：宮崎交通バス「鵜戸神宮」より徒歩10分

神の言葉を告げ、幸運をもたらす
キジ

霊鳥としての信仰

美しい色彩と独特の鳴き声を持つキジは、古くから霊鳥として崇められてきた。日本神話でも、「雉名鳴女《きぎしなきめ》」が地上の天若日子《あめわかひこ》のもとへ派遣され、神の言葉を伝えるという役目を担っている。650年には白いキジが捕らえられたことを瑞兆とし、元号が大化から白雉《はくち》へと改元された。また、686年には赤いキジが献上され、元号が朱鳥《しゅちょう》へと改元されている。古来、日本人がキジを特別な霊力を持つ鳥として扱ってきた様子がうかがえよう。

一方、キジは地震の前後に泣き騒ぐことから、ナマズとともに地震を予知する動物としても信仰された。

主なご利益

除災招福
家内安全
五穀豊穣

ココで会える

雉子神社（東京）
大谷場氷川神社（埼玉）
秩父神社（埼玉）

【雉子神社の使い・キジ】

雉子《きじ》神社（東京）では、その社名の通り、キジを神の使いとして信仰している。

日本彫刻界の巨匠の作

社殿の上に飾られたキジの像は1994年、彫刻家・圓鍔勝三氏によってつくられたもの。

徳川家光と白キジ

雉子神社は「荏原宮」と称されていたが、江戸時代、神社に入っていく白いキジを見た徳川家光がこれを瑞兆であるとして、「雉子宮」と名乗るよう神社に言い伝えたとされる。

キジは瑞祥の印

『延喜式』によると、「白雉、雉白首」は中瑞、「黒雉」は下瑞とされていた。

神社DATA

雉子神社▶東京都品川区東五反田1-2-33／主祭神：日本武尊／創建：景行天皇40年／交通：五反田駅より徒歩5分

【大谷場氷川神社の狛キジ】

大谷場《おおやば》氷川神社（埼玉）の神使もキジで、「キジの氷川様」として信仰されている。

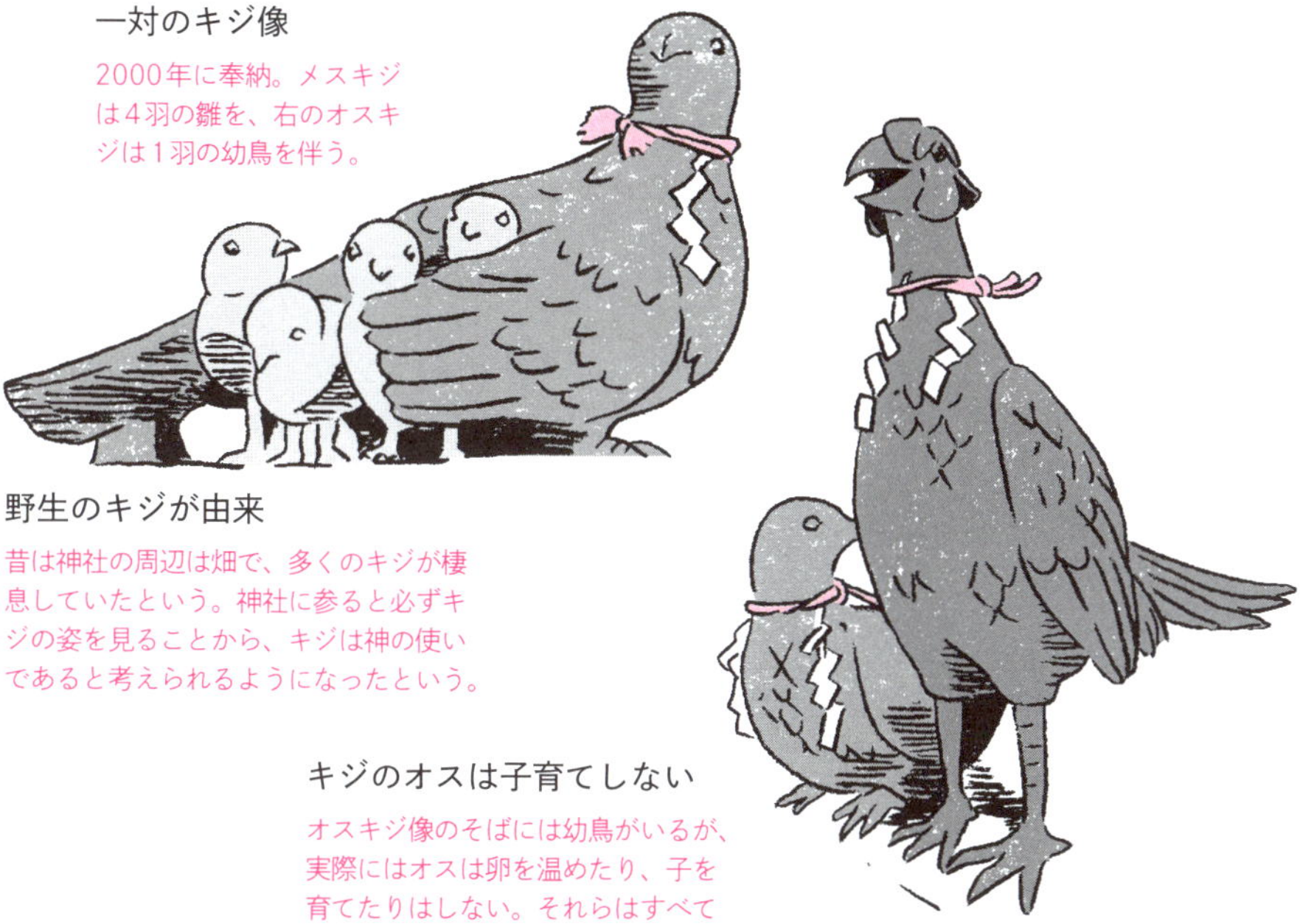
オスキジ像のそばには幼鳥がいるが、実際にはオスは卵を温めたり、子を育てたりはしない。それらはすべてメスが行なう。

【秩父神社の紅葉とキジ】

秩父神社（埼玉）本殿の彫刻にキジの夫婦と子ども、紅葉の美しい彫刻がある。紅葉とキジは昔から絵画や彫刻の題材とされてきた。

神社DATA

大谷場氷川神社▶埼玉県さいたま市南区南本町1-9-1／主祭神：素戔嗚尊／創建：不詳／交通：南浦和駅より徒歩3分　**秩父神社**▶埼玉県秩父市番場町1-3／主祭神：八意思兼命／創建：崇神天皇年間／交通：秩父鉄道秩父駅より徒歩3分

神社の動物にちなむ名物お菓子

動物パワーをもらえる「甘いもの」

神社周辺には、旅の疲れを癒すおやつ、参拝記念のお土産として長年人々に愛されている「甘いもの」が売られていることが多い。

そんな名物のお菓子は神社で祀っている神様の使いの動物にちなむものも多い。

弥彦神社（新潟）のうさぎの伝説にちなむ落雁「玉兎」や三宅八幡宮（京都）の神使である鳩にちなむ米粉のお餅「鳩餅」といった歴史の古いものから、伊勢神宮（三重）のおかげ犬にちなんだ「おかげ犬サブレ」や三峯神社のオオカミをデザインした飴など新しく考案されたものまで、バラエティー豊か。

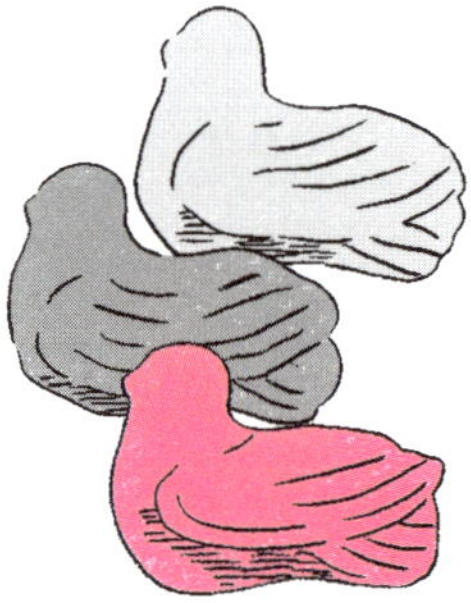

鳩餅

三宅八幡宮（京都）の神様のお使い「鳩」にちなんだ米粉を蒸したお餅「鳩餅」が境内で食べられる。味は白（プレーン）、ニッキ、抹茶の三種類。

狛猫もなか

狛猫で有名な金刀比羅神社（京都）の真向かいにある「大道」では、狛猫の阿吽の顔をデザインした最中を販売中。

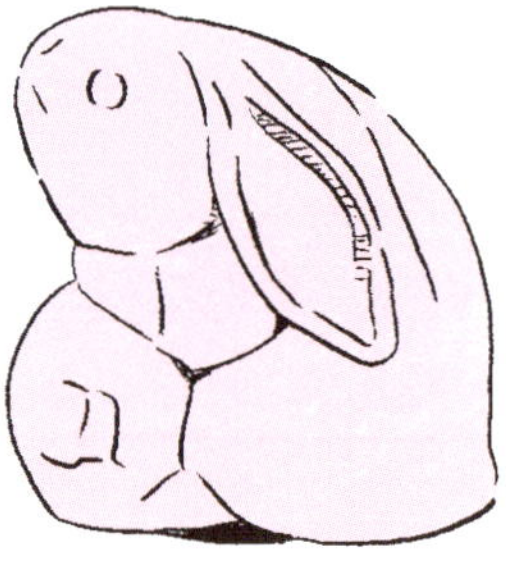

夢調兎

月待信仰と結びついているためウサギを神使としている調神社（埼玉）の門前は、ウサギのお菓子を売る店がいっぱい。狛兎をかたどった最中もある。

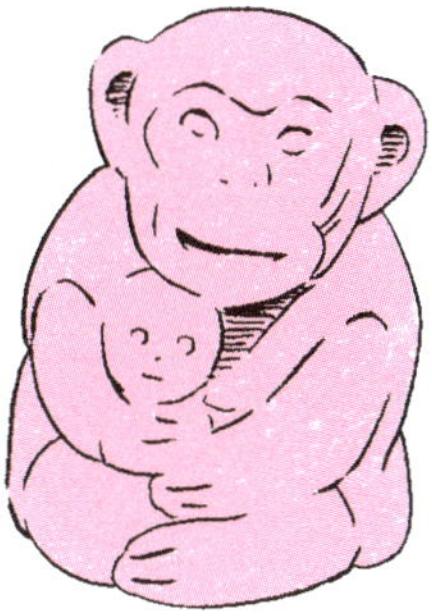

比叡のお猿さん

比叡山（滋賀）にある延暦寺・西教寺・日吉大社の守り神の使いであるサルの最中。かわいい子ザルを抱いている。日吉大社門前町の老舗「鶴屋益光」で販売中。刻んだ栗入り。

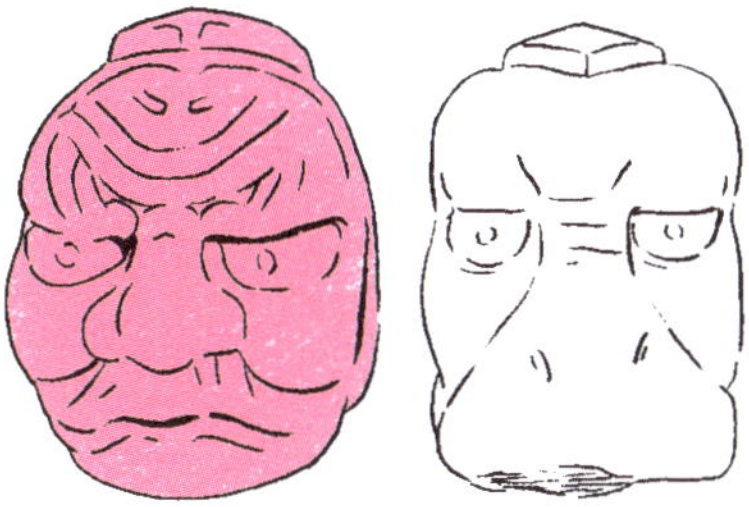

厄除けもなか

夢を叶えてくれる大杉神社（茨城）の天狗にちなんだ最中もある。「鼻高天狗（ねがい天狗）」はつぶあん、「烏天狗（かない天狗）」は柚子白あん。門前の結夢庵で買うことができる。

三猿の人形焼

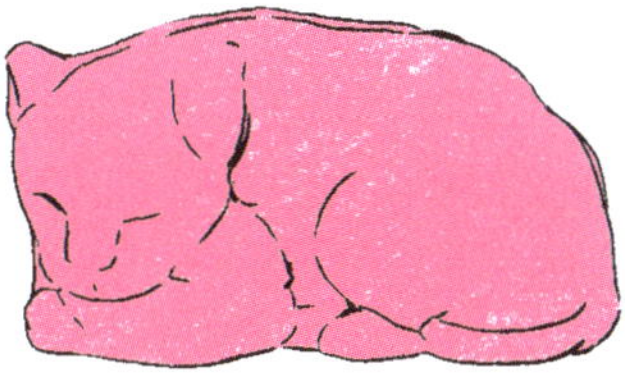

眠り猫の人形焼

東武日光駅（栃木）のすぐそばにある人形焼の店「みしまや」では、日光東照宮を飾る三猿にちなんだ人形焼を販売。詰め合わせの中には「眠り猫」の人形焼も含まれる。

鳥神の使いとして幸運をもたらす

フクロウ

不吉な鳥？　幸運を運ぶ神鳥？

フクロウは、夜、羽音を立てずに獲物を狩ったり、首が１８０度以上も回転したりといった奇妙な生態を持つ。江戸時代の『本朝食鑑』に「人家近くいるときは凶であり、悪禽」と記されているように、不気味な鳥であるフクロウは不吉であると考えられていたようだ。

一方で、その名が「不苦労」「福篭」などと通じることから、福を呼ぶ鳥ともされてきた。『日本書紀』にも、瑞兆の証として白フクロウが献上されたという記録が残る。鷲子山上《とりのこさんじょう》神社（栃木）では、そんなフクロウを祭神・天日鷲命《あめのひわしのみこと》の使いとして信仰している。幸運を運ぶ神鳥として境内には多数のフクロウの像がある。

主なご利益

開運
招福
金運向上

ココで会える

鷲子山上神社（栃木）
秩父神社（埼玉）
丹生川上神社（奈良）
御香宮神社（京都）

【日本一の大フクロウ像】

鷲子山上神社の日本一の大フクロウ像は、運気上昇、金運福徳のご利益が得られるパワースポットとして注目を集めている。

天日鷲命の使い

鷲子山上神社は、祭神・天日鷲命が鳥の神であることから、古くからフクロウを神の使いとして崇めてきたという。

境内にあふれるフクロウ像

フクロウの鐘や水かけフクロウ、ベンチなど境内にはフクロウにちなんだものが目白押し。

幸福を呼ぶ神鳥

フクロウは「不苦労」「福老」「福来朗」「福篭」などとなぞらえられることから、開運招福の象徴として信仰される。像の下にある「金運不苦労御柱」を棒で叩いて苦労などを追い出し、招福を願う。

神社DATA

鷲子山上神社▶栃木県那須郡那珂川町矢又1948／主祭神：天日鷲命／創建：807年／交通：烏山線烏山駅より車で15分　**秩父神社**▶埼玉県秩父市番場町1-3／主祭神：八意思兼命／創建：崇神天皇年間／交通：秩父鉄道秩父駅より徒歩3分

【秩父神社の北辰のフクロウ】

フクロウを八意思兼命《やごころおもいかねのみこと》の使いとする秩父神社の本殿に「北辰のフクロウ」と呼ばれる彫刻がある。体は本殿を、頭は逆の真北を向き、祭神を守護している。

知恵の象徴

八意思兼命が知恵の神であることから、使いのフクロウも知恵のシンボルとして崇められている。神社で授与されるフクロウの絵が描かれた「智恵梟守」をいただくと、勉学はもちろん、人生の知恵も授かるといわれる。

八意思兼命の使い

八意思兼命は天岩戸神話では天照大御神を外に出す作戦を考案した神。

北辰信仰とは？

北辰は北極星のこと。祭神・妙見菩薩は北極星を神格化したものといわれ、北辰菩薩とも呼ばれる。フクロウが真北を向いているのは、そこから妙見菩薩が現われるとされるため。

【御香宮神社のフクロウ】

御香宮《ごこうのみや》神社（京都）も極彩色のフクロウの彫刻で飾られている。

知恵の象徴とされるフクロウは、しばしば建築物の彫刻の装飾として用いられる。

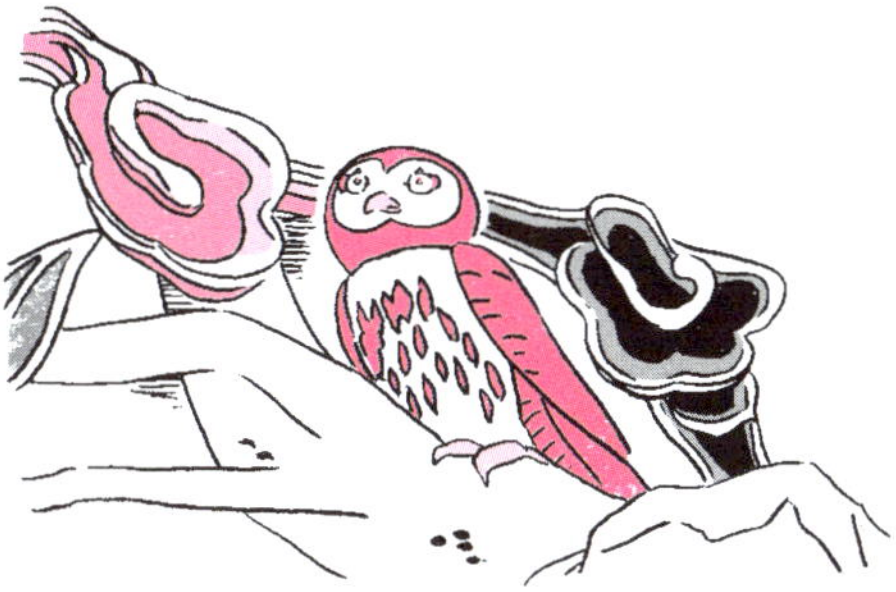

豆知識 フクロウは親不孝な鳥？

平安時代の漢和辞典『和名類聚抄』はフクロウを「父母を喰う不孝な鳥」であるとしている。もともと、古代中国ではフクロウを「母を喰う親不孝な鳥」とし、梟という字も「頭部を切り離し、木にかけて見せしめにした」ことからつくられたものだと伝えられる。晒し首にされた罪人の首を「梟首（きょうしゅ）」と呼ぶのも、そのためだ。

【丹生《にう》川上神社のなでフクロウ】

叶え大杉に棲むフクロウにちなみ、木の前に木彫りのフクロウ像が置かれている。

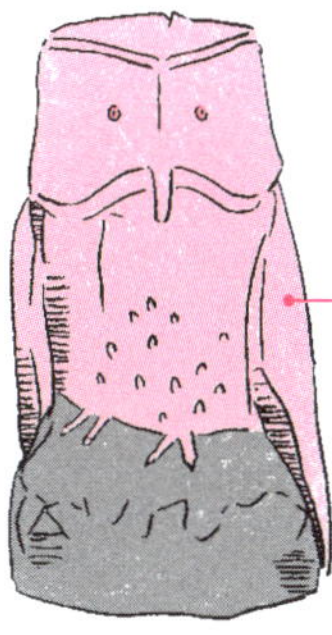

なでフクロウ

フクロウは夜行性なので、このフクロウ像も夜の境内を守っているのだという。像を撫でるとフクロウのご神徳を授かることができるといわれる。

神社DATA
御香宮神社▶京都府伏見区御香宮門前町174／主祭神：神功皇后／創建：不詳／交通：京阪電車伏見桃山駅より徒歩約5分　**丹生川上神社**▶奈良県吉野郡東吉野村小968／主祭神：罔象女神／創建：675年／交通：コミュニティバス「蟻通」からすぐ

高山の聖域に棲まう神の鳥

ライチョウ

主なご利益

火除け
雷除け
五穀豊穣

ココで会える

白山比咩神社（石川）
田島御嶽神社（埼玉）

山岳信仰との結びつき

ライチョウは、日本の中部山岳地帯の高所に棲息する。すでに鎌倉時代の和歌にその名が見られ、雷の鳴る高山地帯に棲むことから、「雷鳥」と呼ばれるようになったと伝えられる。

日本には、古くから高山には神が鎮座するという山岳信仰があり、山自体を崇める風習があった。修験者らが信仰を目的とした登山を行なうなかでライチョウを発見。ライチョウが山奥の神の領域に棲んでいたことから、いつしか神の鳥として敬われるようになった。

また古くから、火除け、雷除けの鳥として信仰を集め、ライチョウの羽を持って山に登れば、天災にあわないともされた。

【神の鳥・ライチョウ】

山の神が棲む、あるいは山の神そのものである霊山に棲むライチョウは、古来、神の鳥であると信じられてきた。

雷・火除けの信仰
白山雷鳥鎮火符

江戸時代、京都で大火災が起きて御所が焼けてしまったとき、ライチョウの絵を飾った建物だけが焼失を免れた。この話が広まり、ライチョウを描いた護符が雷・火災除けのお守りとして人気を博したという。

高山に棲む神の鳥

山岳信仰と結びつき、高山に棲むライチョウを神鳥、あるいは神の使いである霊鳥と見なす信仰が生まれたという。霊山信仰の聖地・白山に鎮座する白山比咩（しらやまひめ）神社でも古来、ライチョウを神鳥として崇め、ライチョウを描いた火除けの木札を頒布している。

神社DATA　**白山比咩神社**▶石川県白山市三宮町ニ105-1／主祭神：菊理媛尊／創建：崇神天皇7年／交通：加賀白山バス「一の宮」より徒歩5分

【田島御嶽神社の天神雷鳥】

田島御嶽神社（埼玉）では木曽御嶽山の開祖・普寛行者の伝説にちなんでライチョウを神使として祀っている。木曽御嶽山は神聖な山と見なされ、100日間精進潔斎した者のみ登山できた。しかし1792年、普寛行者は禁を破って王滝口から登り、御嶽山を開山。このとき、道に迷った普寛行者を頂上まで案内したのがライチョウだという。

天神雷鳥

普寛行者が御嶽神社で修行を行なった際、木曽御嶽神社の分社として奉斎したという縁から、ライチョウを神使とするようになったそうだ。

ツルのような姿で表わされる

本殿の両側に祀られる天神雷鳥は、胴体はライチョウ、頭、首、足はツルという姿で表わされている。

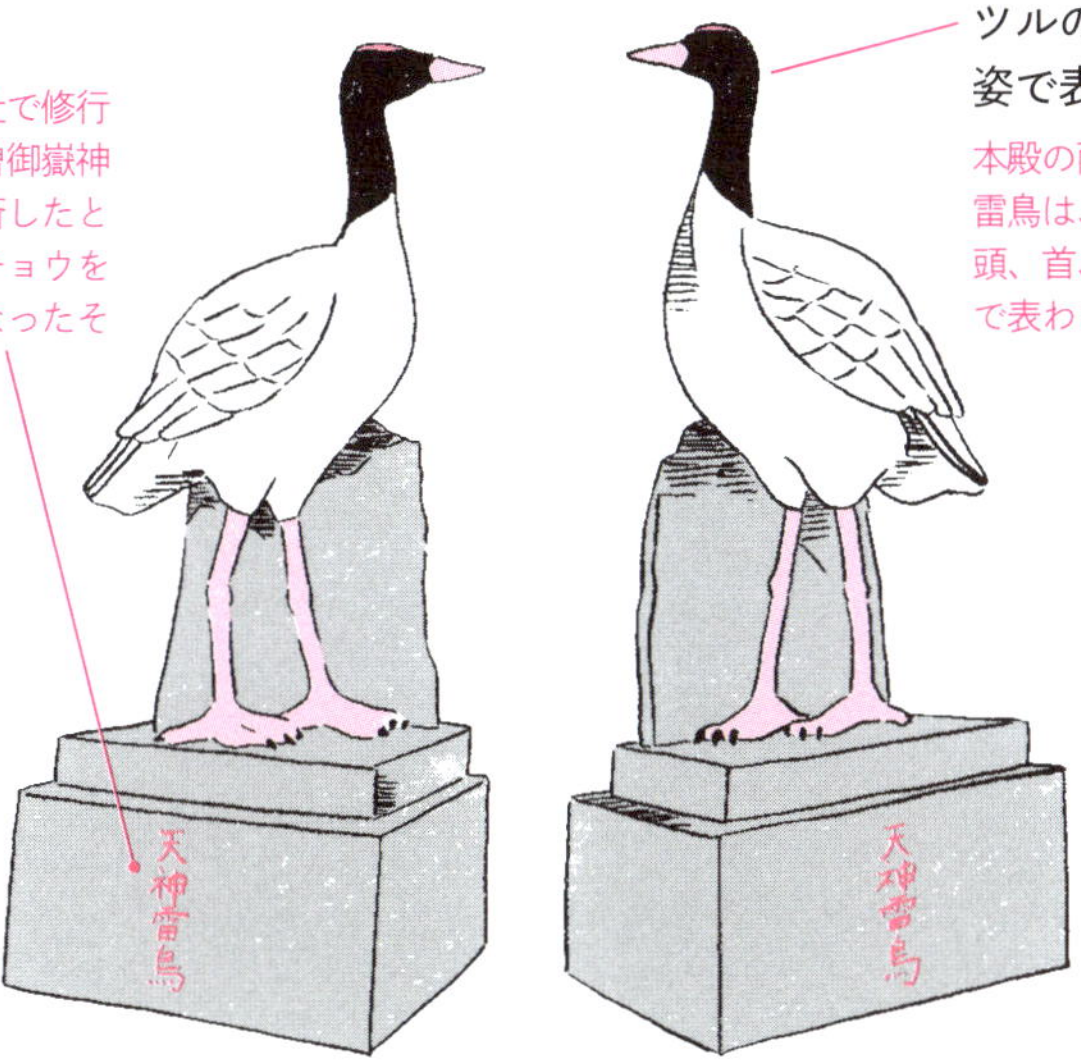

豆知識 鎌倉時代からすでに知られていたライチョウ

日本でライチョウの名前が初めて文献に登場するのは、鎌倉時代のこと。1310年頃に編まれた『夫木和歌抄』に、後鳥羽天皇が詠んだ「しらやまの　松の木陰に　かくろいて　やすらにすめるらいの鳥かな」という歌が収録されている。

江戸時代には庶民にも広く知られるようになり、ライチョウを描いた絵も登場するようになった。しかし高山に棲むためその姿形は謎で、伝聞と想像をもとに描かれたことから、実物とは多少異なっている。

江戸時代に描かれたライチョウ

『梅園禽譜』

実際のライチョウ

神社DATA

田島御嶽神社▶埼玉県さいたま市桜区田島3-28-30／主祭神：國常立尊／創建：1295年／交通：武蔵野線西浦和駅より徒歩6分

タカ

狩猟神と結びついた美しき鳥の王

主なご利益

勝運
五穀豊穣

ココで会える

英彦山神宮（福岡）
世良田東照宮（群馬）
上野東照宮（東京）

山の神の使い

猛禽類であるタカは、その美しい毛並みと俊敏な動作から、古来、狩猟神としての山の神と結びつき、山の神の使いと考えられた。

古くから神が棲む霊山として崇められてきた英彦山《ひこさん》に鎮座する英彦山神宮の使いもタカで、伝説が残っている。531年、猟師の藤原恒雄《ふじわらのつねお》が山中で一頭の白シカを射殺したところ、どこからともなく3羽のタカがやってきて、白シカを蘇生させたという。これを見た恒雄は、白シカとタカが神の化身であったと悟り、仏門に入ったと伝えられる。英彦山神宮で頒布される御宝印はこの故事にちなんだもので、霊験あらたかな3羽のタカが描かれている。

【英彦山神宮の使い・タカ】

霊山・英彦山に棲むタカを神使として信仰している英彦山神宮（福岡）の護符・牛王宝印には、タカが3羽描かれている。猟師・藤原恒雄の伝承に基づくものだ。

牛王宝印

かつては起請文や宗門改めの誓紙などにも用いられていたという。また、英彦山神宮の御神紋にはタカの羽があしらわれている。

タカとなって降り立った天忍穂耳命

英彦山神宮の祭神・天忍穂耳命（あめのおしほみみのみこと）は、天照大御神の御子にあたる。社伝によると、天照大御神から地上を治めるように命じられた天忍穂耳命は、タカの姿となって英彦山に降り立ったという。

神社DATA　**英彦山神宮**▶福岡県田川郡添田町大字英彦山1／主祭神：正勝吾勝勝速日天之忍穂耳命／創建：不詳／交通：添田町バス「銅の鳥居」からすぐ

【世良田東照宮の「巣籠りの鷹」】

「徳川氏発祥の地」世良田に鎮座する世良田東照宮（群馬）の本殿には、「巣籠りの鷹」と呼ばれるみごとな彫物が残る。

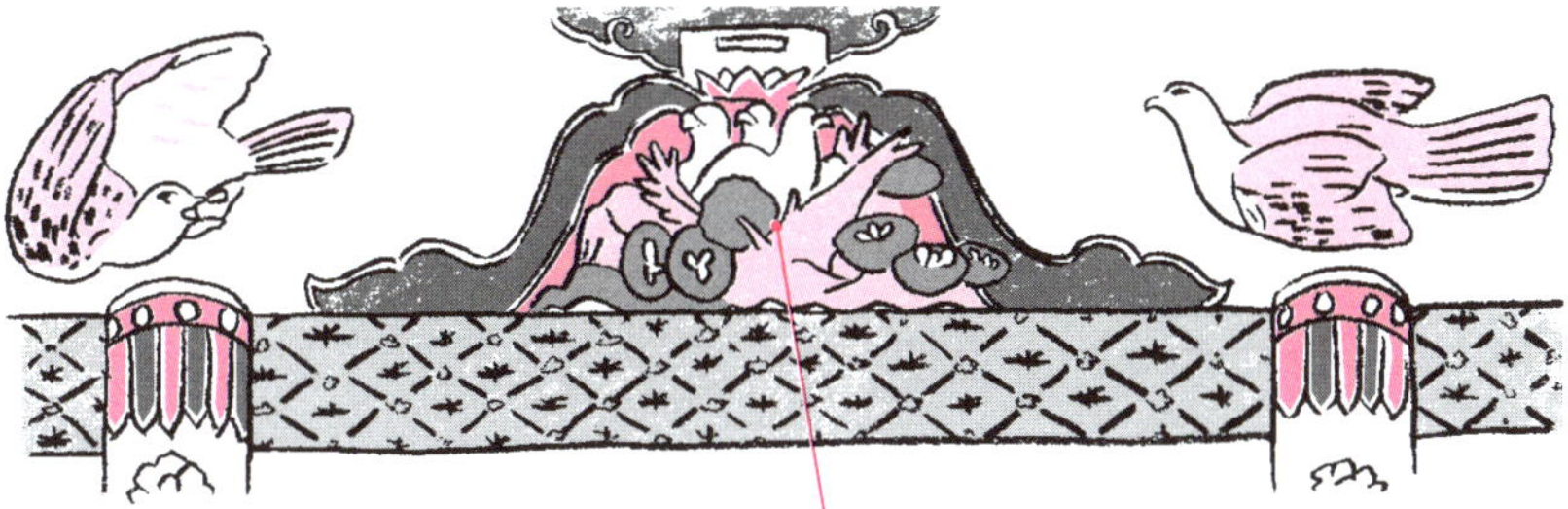

徳川家康が好んだ鷹狩り

家康は生前、鷹狩りを好んだことで知られる。そのため家康を祀る神社には、タカの彫刻が施されることが多い。

巣籠りの鷹

巣に籠る3羽のひな鳥を、左右の親鳥が優しく見守る。参拝者の家内安全や子孫の安泰を守護してくれるという。

豆知識 戦国大名と鷹狩り

鷹狩りは、調教したタカを使ってキジやヤマドリなどを狩る遊戯だ。355年に仁徳天皇が行なった記録が残るが、古代より天皇や貴族の雅な遊びとして親しまれていた。織田信長や徳川家康などの戦国大名も鷹狩りを好んだが、遊戯的な側面とは別に、領国内の情報を収集する目的があった。また、タカは権威の象徴であるため、自らの威勢を世に知らしめるという狙いもあったといわれる。

『徳川十五代記略』

【上野東照宮のタカ】

上野東照宮（東京）も徳川家康を祀ることから、やはり境内でタカにまつわる像を見ることができる。

「タカに松」は吉祥文様

タカは富士と並んで吉兆と見なされ、松も不老長寿を象徴する縁起のよい植物とされた。このような吉祥のモチーフは、古くから美術工芸品のモチーフとして採用されてきた。

神社DATA

世良田東照宮▶群馬県太田市世良田町3119-1／主祭神：徳川家康公／創建：1644年／交通：東武伊勢崎線世良田駅より徒歩20分　**上野東照宮**▶東京都台東区上野公園9-88／主祭神：徳川家康公／創建：1627年／交通：上野駅より徒歩5分

死者の霊魂を運ぶ聖鳥

ハクチョウ

ハクチョウとなった日本武尊

全身を純白の羽毛に覆われたハクチョウは、古来、聖なる霊鳥として信仰されてきた。とくに、死者の霊魂を運ぶ存在として重要な役割を担った。その信仰を示す一例が、日本神話に登場する英雄・日本武尊の最期である。父・景行天皇の命を受けて各地の抵抗勢力を討ち倒した日本武尊は、伊勢国能褒野《のぼの》で力尽き、葬られた。その後、日本武尊は一羽のハクチョウとなり、故郷に向かって大空高く飛び去り、最後に河内《かわちの》国《くに》大鳥神社（大阪）付近に舞い降りたという。この伝説にちなみ、熱田神宮や白鳥《しろとり》神社など、日本武尊を祀る神社ではハクチョウを神の使いとして崇めている。

主なご利益

五穀豊穣
招福
安産

ココで会える

熱田神宮（愛知）
刈田嶺神社（宮城）
雷電宮（青森）

【日本武尊のハクチョウ伝説】

日本神話で英雄として語られる日本武尊。その最期は、ハクチョウとなって天へ上ったと伝えられる。

熱田神宮の白鳥守

熱田神宮（愛知）では祭神・日本武尊のハクチョウ伝説にちなんだ「白鳥守」を授与している。招福、安産などのご利益があるとされている。

霊魂を運ぶ鳥

毎年、冬に渡来するハクチョウは古くから常世の鳥であると信じられた。人間界と霊界を行き来する鳥であり、死者の霊魂を運ぶとも考えられていた。

ハクチョウとなった日本武尊

各地の荒ぶる神々を征討した日本武尊は帰路、山の神の毒気にあたり、瀕死の重傷を負う。彷徨の末、伊勢国能褒野で最期を迎え葬られたが、ハクチョウとなって飛び去り大和国琴弾原（ことひきはら）、河内国旧市邑（ふるいちむら）に留まった。そのためそれぞれの地に陵が造営されたという。

神社DATA　**熱田神宮**▶愛知県名古屋市熱田区神宮1-1-1／主祭神：熱田大神／創建：113年／交通：名古屋本線名鉄神宮前より徒歩3分

【「白鳥大明神」と崇められる刈田嶺神社】

刈田嶺《かったみね》神社（宮城）の祭神も日本武尊であることからハクチョウを神使として崇めているが、日本神話とは異なる伝承が残る。

産土様のハクチョウ

刈田嶺神社周辺でもハクチョウを神使として崇めてきた歴史があり、社殿裏に1673年に崇拝の証として建てられたハクチョウ型の碑が残る。

ハクチョウ伝説

日本武尊がこの地を訪れたとき、長者の娘と結ばれ男児を儲けたが、男児が成長してこの地を征服することを恐れた村人たちによって川に投げ捨てられる。すると、男児はハクチョウとなって西方へと飛び去っていった。その後、村には災いが起きるようになったため、村人はハクチョウが飛んでいった西方の山麓に祠を建てて祈りを捧げたところ災いが収まったという。

豆知識 羽衣伝説

ハクチョウといえば、羽衣伝説が知られている。ハクチョウになって地上に降りた天女が水浴をしていると、人間の男に羽衣を盗まれ帰れなくなってしまう。やむなく男の妻となり子を儲けるが、隠されていた羽衣を見つけて天に戻る、という説話だ。この物語においてハクチョウは、女性の処女性を象徴するものと考えられている。

【雷電宮の使姫】

日本武尊を祀る雷電宮（青森）では、ハクチョウを使姫《つかわしめ》として崇め、殺したり、羽毛を使って物をつくることが禁じられたと伝えられる。

勝利を導いたハクチョウ

1573年、南部藩が攻めてきたとき、福館城主・七戸修理が雷電宮で戦勝を祈願したところ、無数のハクチョウが境内に降り立ち、それを南部藩は敵軍と見誤り撤退したという。以来、ハクチョウは雷電宮の使姫であるとされた。

神社DATA

刈田嶺神社▶宮城県刈田郡蔵王町宮字馬場1／主祭神：日本武尊／創建：不詳／交通：ミヤコーバス「宮」より徒歩2分　**雷電宮**▶青森県東津軽郡平内町福館字雷電岸55／主祭神：別雷命／創建：801年／交通：平内町民バス「雷電宮前」からすぐ

国難から人々を救う

シラサギ

主なご利益

厄除け
除災招福
交通安全

ココで会える

氣比神宮（福井）
白鷺神社（栃木）
大歳御祖神社（静岡）
大山祇神社（愛媛）

気比の松原伝説

古来、白色の動物は瑞兆を呼ぶものとして崇められてきた。シラサギもまたしかりであり、氣比《けひ》神宮（福井）では神の使いとされている。

なぜシラサギが氣比神宮の神使となったのか、詳細は定かではないが、次のような伝説が残る。聖武天皇の時代、敦賀に異国の大軍が来襲した。このとき、一夜にして数千の松が出現し、その梢にシラサギが止まった。すると、その様子があたかも援軍が白旗を翻しているように見えたため、異国の軍勢は驚いて逃げ帰ったという。気比の松原伝説である。人々はこれを氣比神宮の加護と考え、シラサギを神の使いと考えるようになったという。

【氣比神宮の使い・シラサギ】

異国の敵が攻めてきたとき、一夜にして出現した数千の松の頂きに氣比神宮の使いのシラサギが止まり、それを大軍だと勘違いした敵が退散したという「一夜の松原」伝説が残る気比の松原は、日本三大松原のひとつに数えられる景勝地。かつては氣比神宮の神苑であったという。

気比の松原

昔から身近なシラサギ

縄文時代の遺跡から骨が出土したり弥生時代の銅鐸に描かれたり、シラサギは昔から身近な鳥だった。すでに奈良時代には「サギ」「シラサギ」と呼ばれていた。じつは日本にはシラサギという種はない。白い羽毛を持つ個体をそう呼んだ。

神社DATA

氣比神宮▶福井県敦賀市曙町11-68／主祭神：伊奢沙別命／創建：不詳／交通：北陸本線敦賀駅より徒歩15分　**白鷺神社**▶栃木県河内郡上三川町しらさぎ1-4-6／主祭神：日本武尊／創建：783年／交通：関東バス「白鷺神社前」からすぐ

【白鷺神社に配されるシラサギ像】

祭神・日本武尊が死後、ハクチョウとなって飛び立ったという伝承（p104）にちなみ、白鷺神社（栃木）の神使はシラサギとされる。境内にシラサギ像や、シラサギが翼を広げた姿を模してつくられた「翔舞殿」があるのはそのためだ。

城を守った
シラサギを模した像

中世、白鷺神社の南にある上三川城が攻められたとき、敵は神社の森に群れていたシラサギを援軍と見誤り、撤退したという。以降、神社は白鷺明神として崇められるようになったと伝えらえる。

【大歳御祖神社のシラサギ】

大歳《おおとし》御《み》祖《おや》神社（静岡）の本殿の蟇股《かえるまた》はシラサギと杜若《かきつばた》の美しい彫刻で飾られている。

水辺に棲息するシラサギと杜若の取り合わせは日本画の題材の定番。そのほか、「柳」や「桐」などと組み合わされることもある。

【勝利を呼んだ大山祇神社のシラサギ】

大山祇《おおやまづみ》神社（愛媛）にもシラサギの伝承があり、神使として崇めている。鎌倉時代、九州に元軍が侵攻した際、河野通有は大山祇神社に戦勝を祈願して出陣した。すると矢をくわえたシラサギが現われて元軍の船へと飛んでいったため、通有はその後から攻め込み、勝利することができたという。

神社DATA

大歳御祖神社▶静岡県静岡市葵区宮ヶ崎町102-1／主祭神：大歳御祖命／創建：応神天皇4年／しずてつジャストラインバス「赤鳥居 浅間神社入口」からすぐ　**大山祇神社**▶愛媛県今治市大三島町宮浦3327／主祭神：大山積神／創建：不詳／瀬戸内海交通バス「大山祇神社前」より徒歩1分

仙人に仕える不老長寿の象徴
ツル

「鶴は千年、亀は万年」

もともとツルは、古代中国で仙人の乗り物であると考えられ、不老長寿の象徴とされた。その思想が日本に入ってきたのは平安時代初期の頃とされ、日本でも千年もの寿命を持つ瑞鳥であると捉えられた。また、同じく長寿と信じられたカメと組み合わされることで、より吉祥を招く鳥だと信仰されるようになった。

物部神社（島根）では、そんなツルを神の使いとしている。祭神・宇摩志麻遅命《うましまじのみこと》が神武天皇の命で各地を平定したあと、最後にツルに乗って石見《いわみ》の地に降臨したという伝承にちなむ。ここでもやはりツルは神の乗り物であり、古代中国の思想が反映されたと見られている。

主なご利益

病気平癒
厄除け
交通安全

ココで会える

物部神社（島根）
白鳥神社（香川）
豊国神社（京都）

【物部神社の「いっくうさん」】

物部神社では、祭神・宇摩志麻遅命がツルに乗って降臨した故事にちなみ、ツルを「いっくうさん」と呼んで崇めている。

神紋「日負鶴」

物部神社の神紋「日負鶴（ひおいづる）」は、真っ赤な太陽を背負ったツル。全国で唯一の珍しいものだ。

ツルに乗って降臨した宇摩志麻遅命

宇摩志麻遅命は天つ神・饒速日命（にぎはやひのみこと）の子で、古代豪族・物部氏の祖神とされている。ツルに乗った宇摩志麻遅命が降り立った場所、折居田には石碑があり、神が腰をおろしたとされる巨大な岩は現在も物部神社に祀られている。

神社DATA　**物部神社**▶島根県大田市川合町川合1545／主祭神：宇摩志麻遅命／創建：513年／交通：石見交通バス「物部神社前」からすぐ

【白鳥神社を守護するツル】

白鳥神社（香川）では日本武尊が死後に変じた白鳥をツルと見なし、神使として祀る。

ツルとなった日本武尊

白鳥神社の由緒によると、伊勢の能褒野で亡くなった日本武尊の神霊は白いツルとなって飛び立ち、讃岐国大内郡鶴内（香川）にやってきたという。源義経が屋島の戦いで平家相手に勝利することができたのは、白鳥の神の助力があったからだともいわれる。

鶴門

神門には随身ではなくツルの像が配置され、「鶴門」と呼ばれている。

高松藩の手厚い保護

江戸時代、白鳥神社は高松藩の手厚い保護で繁栄した。神使のツルも大切にされ、高松藩では領民に病気や傷を負ったツルの保護を義務づけた（『高松藩諸達留』）。

豆知識 仙人の乗り物だったツル

古代中国では、美しい姿で気高い鳴き声のツルを賢人や君子の象徴と見なしていたという。やがて隠棲する者を賢人とする思想が生まれ、それが神仙思想と結びつくと、ツルは仙人の乗り物と考えられるようになった。ツルが長寿のシンボルとされるのは、仙人が不老不死であることにちなむと伝えられる。

【豊国神社の「目無し鶴」】

豊国神社（京都）唐門の欄間には、名工・左甚五郎の作と伝えられる目玉のないツルの彫刻が施されている。

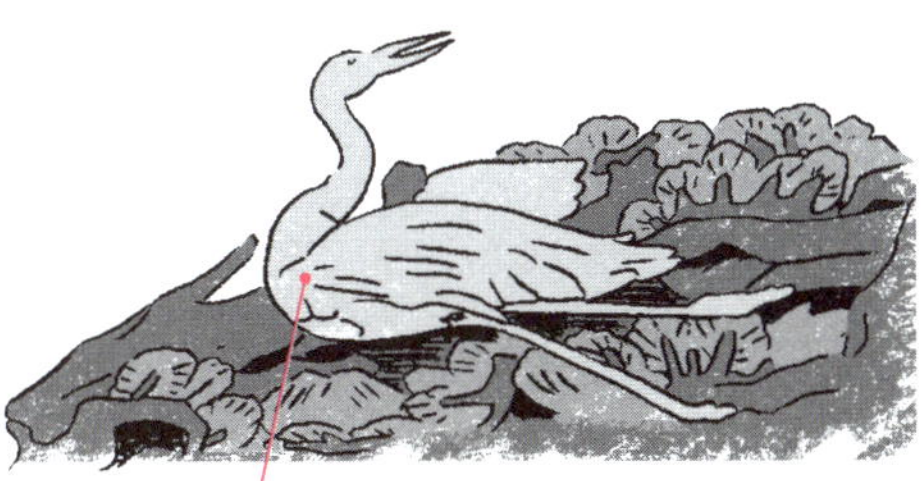

目無し鶴

その出来栄えがあまりにも素晴らしく、目を入れると魂が宿って飛び去ってしまうのではと考えられたため、目玉を彫らなかったのだという説が残る。

神社DATA

白鳥神社▶香川県東かがわ市松原69／主祭神：日本武尊／創建：不詳／交通：高徳線讃岐白鳥駅より徒歩5分　**豊国神社**▶京都府京都市東山区大和大路正面茶屋町530／主祭神：豊臣秀吉公／創建：1599年／交通：市バス「博物館三十三間堂前」より徒歩5分

力強い雄姿に見出した霊力

ワシ

主なご利益

戦勝
商売繁盛
開運

ココで会える

大鷲神社（東京）
鷲神社（東京）
我孫子鷲神社（千葉）

日本の神話にも登場

古代日本人は、天高く飛翔する雄姿、獲物を鋭い爪でつかんで捕食する姿などから、ワシに霊性を見出したようだ。東大寺の開基・良弁《ろうべん》僧正が赤子の頃にワシにさらわれたとする伝説も、その表われだろう。

日本神話にもワシが登場する。天照大御神が天岩戸に隠れ、神々が岩戸の前で神楽を行なったとき、弦楽器を司る神が引く弦の先にワシが止まった。神々はこれを世を明るくする瑞祥であるとし、以降、弦楽器を司る神は天日鷲命と呼ばれるようになったという。のち、日本武尊は東征の際、天日鷲命を祀る社に戦勝を祈願した。これが、鷲《おおとり》神社（東京）だと伝えられる。

【大鷲神社の使い・ワシ】

平安時代、源義光が大鷲《おおとり》神社（東京）で戦勝祈願を行なうと、1羽のワシが飛んできた。その後、後三年の役で勝った義光はワシの賜物であるとして、兜を奉納するとともにワシを祀ったという。以来、大鷲神社は「鷲大明神」として崇められ、1968年に現在の社名となった。

日本武尊とワシ

日本武尊が東国を鎮定したことに喜んだ人々が、日本武尊の本陣が置かれていた花又の地に奉斎したのが大鷲神社の起源であると伝えられる。日本武尊は死後、ハクチョウとなって飛び立ったという故事にちなみ、日本武尊を祭神とする神社では「大鳥＝ワシ」を祀るところも多い。

神社DATA

大鷲神社▶東京都足立区花畑7-16-8／主祭神：日本武尊／創建：不詳／交通：東武バス「花畑六丁目」より徒歩5分

【鷲神社の使いもワシ】

鷲神社（東京）の使いもワシであるとされる。これは、祭神・天日鷲命がワシの神であることに由来する。境内ではかわいい「叶鷲《かないどり》」の絵馬をいただくことができる。

天日鷲命

天岩戸神話で、奏でた弦楽器の先にワシが止まったことから、天日鷲命と呼ばれるようになったとされる。古代朝廷の祭祀を司った忌部氏の祖神であるとされ、阿波国に穀麻を植えたと伝えられることから、殖産、開拓の守護神として崇められる。

人気が高いワシの授与品「叶鷲」

願い事を書いた札を叶鷲のなかに入れ、社前に祀ると、ワシが願いを神に届けてくれるという。持ち帰り、自宅の神棚に祀ってもいい。

力の象徴

鳥の王者たる勇猛な姿、獲物を狩る力強さから、古くから、ワシは力の象徴とされてきた。

豆知識　酉の市の発祥

11月の酉の日、大鷲神社や鷲神社などでは酉の市が行なわれ、熊手が販売される。大鷲神社の社伝によると応永年間（1394～1428年）の日本武尊の祭りが起源だという。やがて露店で農具などが売られるようになり、江戸時代に賑わいを見せるようになったとのこと。

歌川豊国「一陽来復酉の市」

【我孫子鷲神社の狛ワシ】

我孫子鷲《わし》神社（千葉）の祭神は日本武尊であり、やはりワシの像が祀られている。

狛ワシ

ワシの像を境内に祀る神社は少ない。我孫子鷲神社のワシ像は、1994年、神社の改築を行なった際に奉納されたものだという。

神社DATA　**鷲神社**▶東京都台東区千束3-18-7／主祭神：天日鷲命／創建：不詳／交通：日比谷線入谷駅より徒歩7分　**我孫子鷲神社**▶千葉県我孫子市久寺家362／主祭神：天日鷲命／創建：不詳／交通：常磐線我孫子駅より徒歩15分

第肆章

霊的な生き物

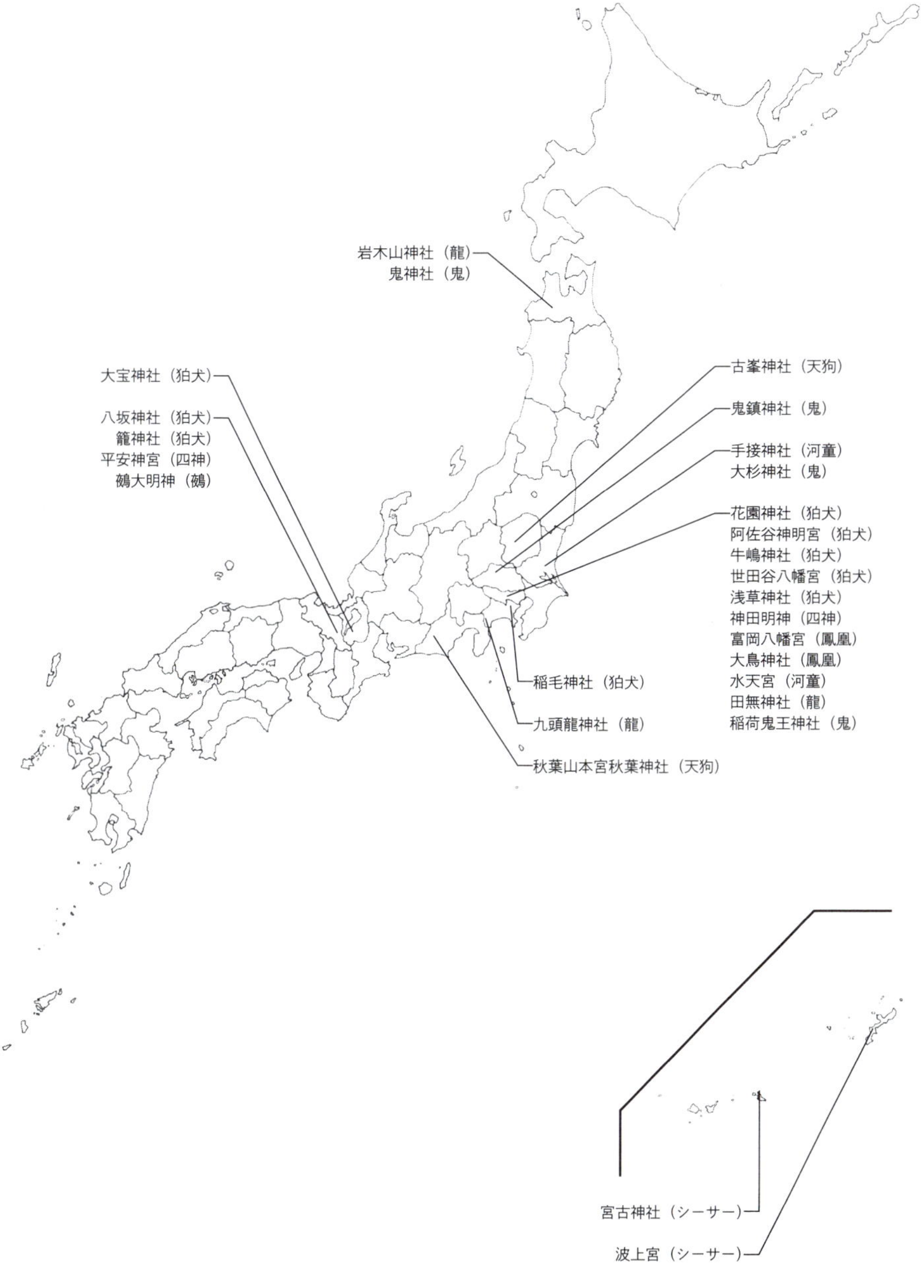
岩木山神社（龍）
鬼神社（鬼）
大宝神社（狛犬）
八坂神社（狛犬）
籠神社（狛犬）
平安神宮（四神）
鵺大明神（鵺）
古峯神社（天狗）
鬼鎮神社（鬼）
手接神社（河童）
大杉神社（鬼）
花園神社（狛犬）
阿佐谷神明宮（狛犬）
牛嶋神社（狛犬）
世田谷八幡宮（狛犬）
浅草神社（狛犬）
神田明神（四神）
富岡八幡宮（鳳凰）
大鳥神社（鳳凰）
水天宮（河童）
田無神社（龍）
稲荷鬼王神社（鬼）
稲毛神社（狛犬）
九頭龍神社（龍）
秋葉山本宮秋葉神社（天狗）
宮古神社（シーサー）
波上宮（シーサー）

邪気を祓い、神社を守護する
狛犬

外国からもたらされた異形のイヌ

神社を訪れると、様々な狛犬像が我々を出迎えてくれる。神社の守護や魔除けといった役割を果たす霊獣だ。仏教とともに、日本に伝来したと伝えられる。

獅子はライオンであるが、古代日本人は獅子を見たことがなく、これを異様な姿をしたイヌであると捉えた。そのため異国のイヌということで、「高麗犬《こまいぬ》」と呼ばれるようになり、やがて「狛犬」と転じたという。

古くは宮中の調度品として用いられていたが、時代が下るにつれて拝殿の床上、拝殿前、鳥居そばと屋外に置かれるようになり、素材も木から雨露で朽ち果てにくい石へと変化した。

主なご利益
魔除け
厄除け
家庭円満

ココで会える
全国の神社

【狛犬の伝播】

狛犬は古代オリエントで誕生したといわれ、その後、インド、中国を経て日本に伝わった。

獅子像の誕生
メソポタミア文明ですでに獅子を模した彫刻などが使われていたという。王家の権威を示す象徴だったと考えられている。

聖域を守護
獅子像は聖域を守る「鎮獣」であるとされ、仏が獅子座に乗った姿で表されたり、仏像の台座の左右に彫られたりした。

中国特有の霊獣と習合
外来の動物・獅子が中国の霊獣観と習合し、唐獅子像が誕生。邪気を祓うとして宮門や陵墓の前に置かれた。

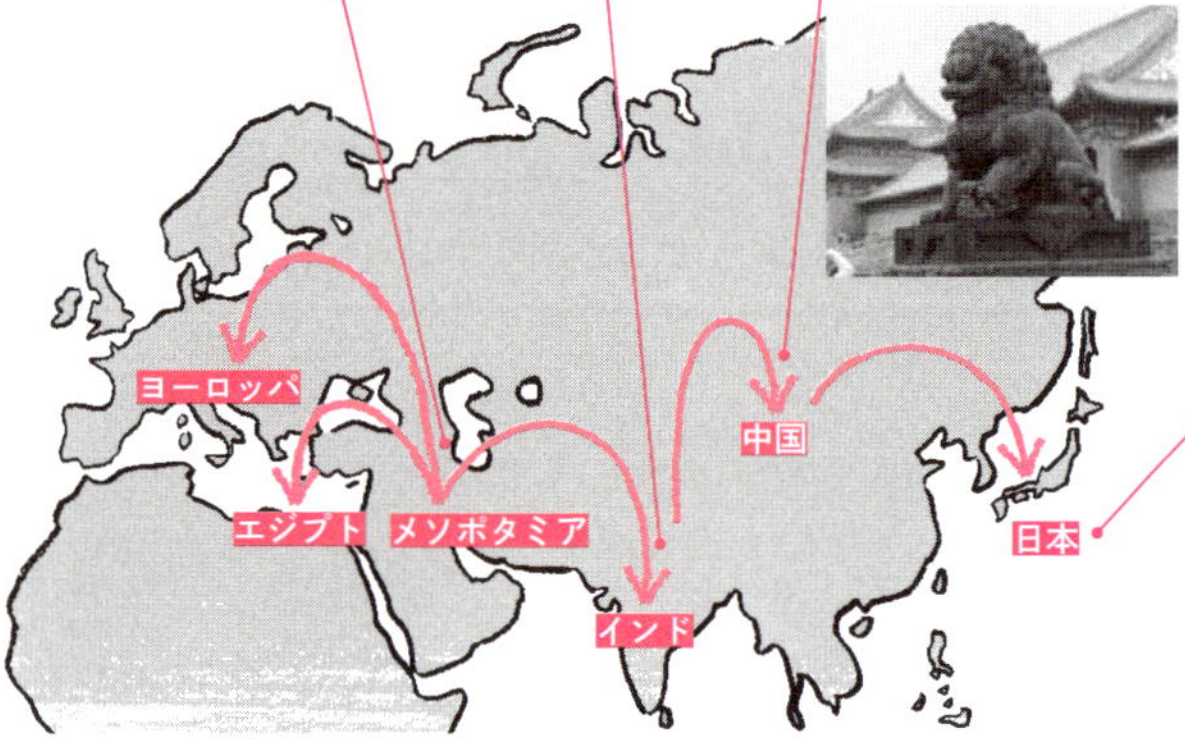

「高麗犬」から「狛犬」へ
異様な姿のイヌ＝異国のイヌ＝「高麗犬」と呼ばれ「狛犬」へ。神域を警護する霊獣とされる。

神社DATA **阿佐谷神明宮**▶東京都杉並区阿佐谷北1-25-5／主祭神：天照大御神／創建：不詳／交通：阿佐ヶ谷駅より徒歩2分

【狛犬像の特徴】

神社には狛犬がつきものであるが、その姿形はひとつとして同じものはない。ここでは代表的な狛犬の特徴を紹介する。

唐獅子型

火炎状の毛

中国の霊獣・唐獅子を模したもの。頭や体に火炎状に巻きつく毛が特徴。

花園神社（東京）

旧官国幣社型

角が残る

明治期に社宝だった木造の狛犬を模してつくられたものが多く、古代の狛犬の特徴である角が残っているものがある。

どっしりとした構え

旧官国幣社に見られる狛犬は力強く威厳のある風貌が特徴。

八坂神社（京都）

子連れ型

世田谷八幡宮（東京）

親子の狛犬

メスの狛犬が子どもをあやす像も多い。江戸時代に狛犬に雌雄が生じ、子連れのデザインが誕生したという説がある。

獅子山型

牛嶋神社（東京）

獅子山を登る狛犬

故事の「獅子は我が子を千尋の谷に突き落とす」にちなむもの。山を登る子を親が頂上から見守る。

玉乗り型

阿佐谷神明宮（東京）

玉と戯れる

片脚もしくは両前脚を玉に乗せ、後ろ脚だけで立つ。両前脚を乗せたものはとくに西日本で多く見られるという。

神社DATA

牛嶋神社▶東京都墨田区向島1-4-5／主祭神：須佐之男命／創建：860年／交通：都営浅草線本所吾妻橋駅より徒歩3分　**世田谷八幡宮**▶東京都世田谷区宮坂1-26-3／主祭神：応神天皇／創建：1091年／交通：東急世田谷線宮の坂駅より徒歩4分

【大宝神社の「木造狛犬」】

大宝神社（滋賀）の木像狛犬（京都国立博物館に寄託）は鎌倉時代の作といわれ、重要文化財に指定されている。

奈良期の特徴を伝える

阿形は耳を伏せ、吽形は耳を立てる。躍動感に満ち溢れた無角の造形は、奈良時代の特徴を伝えているといわれる。

角がない獅子像

もともと狛犬は左右別々の霊獣で口を開け吠えているのが獅子、口を閉じ角があるのが狛犬とされる。この狛犬は角がないため獅子であると考えられる。

【浅草神社の「夫婦狛犬」】

浅草神社（東京）の境内には、愛らしい夫婦の狛犬像が仲睦まじく鎮座している。

夫婦狛犬

制作年代は不明だがその形状から江戸時代に奉納されたものと見られている。頭にくぼみがあるのは、もともと角がついていたためといわれる。

夫婦和合のご利益

境内社の狛犬を新調した際、それまで置かれていた狛犬を並べ、赤い番傘を差して祀るようになったという。一対の狛犬が寄り添う姿に、夫婦和合、良縁、恋愛成就の願いを込めて祀っている。

神社DATA

大宝神社▶滋賀県栗東市綣7-5-5／主祭神：素盞嗚尊／創建：701年／交通：びわこ線栗東駅より徒歩3分　**浅草神社**▶東京都台東区浅草2-3-1／主祭神：檜前浜成命／創建：不詳／交通：浅草駅より徒歩7分

【稲毛神社の天地睨みの狛犬】

通常、狛犬は正面を向いているが、稲毛神社（神奈川）の狛犬は天地を鋭い目つきで睨んでいる。平成の御大典を記念して建立された。

天地睨みの狛犬

上半身に関する願いがあれば天を睨む狛犬を、下半身の場合は地を祓う狛犬を撫でてから参拝するとご利益を得られるという。

鋭い眼光で魔を祓う

向かって右側の阿形の狛犬は天からの邪気を祓い、左側の吽形の狛犬は地からの邪気を祓うという。

【籠神社の魔除け狛犬】

籠《この》神社（京都）の二の鳥居をくぐった先にある狛犬には、魔を祓う力があると信じられている。

作者の魂が宿る

社伝によると、狛犬に作者の魂が乗り移り天橋立で暴れたため、剣豪・岩見重太郎が狛犬の脚に一太刀浴びせたところ、おとなしくなり役目に邁進するようになったという。

石造の狛犬は重要文化財！

鎌倉時代（安土桃山時代ともいわれる）につくられた貴重なものであることから1942年に重要文化財に指定。

神社DATA

稲毛神社▶神奈川県川崎市川崎区宮本町7-7／主祭神：武甕槌神／創建：不詳／交通：京急川崎駅より徒歩7分　**籠神社**▶京都府宮津市字大垣430／主祭神：彦火明命／創建：719年／交通：天橋立観光船「一の宮桟橋」より徒歩5分

繁栄をもたらす霊獣

四神

方位を司る守護神

四神は古代中国由来の霊獣で、青龍《せいりゅう》、朱雀《すざく》、白虎《びゃっこ》、玄武《げんぶ》のことをいう。古代中国ではこれらの霊獣が四方を司る守護神と見なされ、青龍は東、朱雀は南、白虎は西、玄武は北に配当された。また、四神は地形にも置き換えられた。青龍は流水、朱雀は窪地、白虎は大道、玄武は丘陵に見立てられ、これらに相応する土地に都を定めると、王朝が末永く繁栄すると考えられた。

日本にもこの思想が取り入れられ、重んじられた。たとえば桓武天皇が京都に平安京を置いたのも、北に船岡山《ふなおかやま》、東に鴨川、西に山陽道（山陰道）、南に巨椋《おぐら》池があり、四神相応の地であったためだといわれる。

主なご利益
方位除け
魔除け
開運

ココで会える
平安神宮（京都）
神田明神（東京）

【四神と平安京】

794年、平安京への遷都が行なわれた。新都として山城国が選ばれたのは、この地が「四神相応」の地であったことが大きい。平安京を模してつくられた平安神宮でも、青龍像や白虎像など四神をかたどった像を見ることができる。

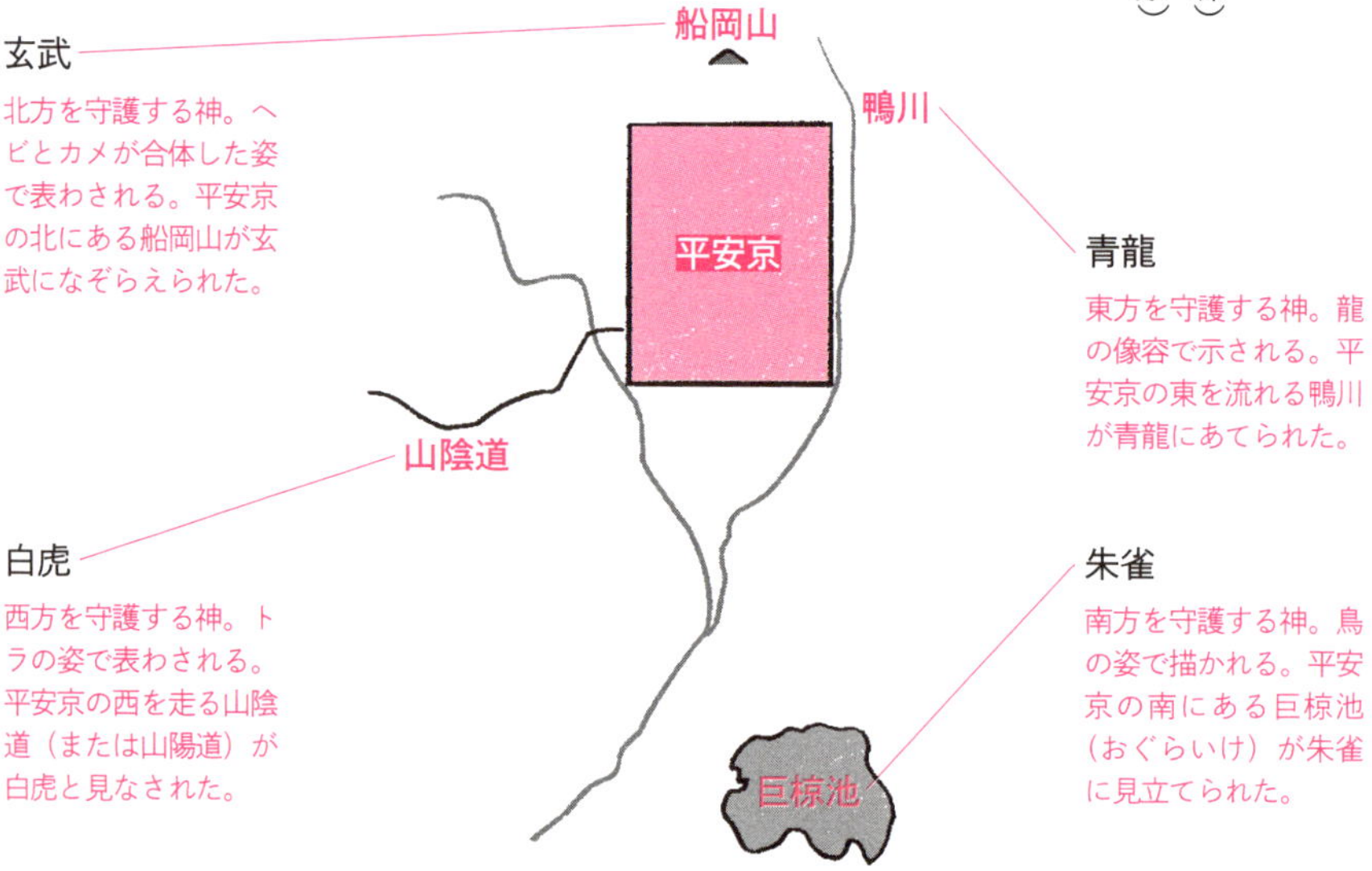
玄武
北方を守護する神。ヘビとカメが合体した姿で表わされる。平安京の北にある船岡山が玄武になぞらえられた。
船岡山
鴨川
青龍
東方を守護する神。龍の像容で示される。平安京の東を流れる鴨川が青龍にあてられた。
平安京
山陰道
白虎
西方を守護する神。トラの姿で表わされる。平安京の西を走る山陰道（または山陽道）が白虎と見なされた。
朱雀
南方を守護する神。鳥の姿で描かれる。平安京の南にある巨椋池（おぐらいけ）が朱雀に見立てられた。
巨椋池

神社DATA **平安神宮**▶京都府京都市左京区岡崎西天王町97／主祭神：桓武天皇／創建：1895年／交通：東西線東山駅より徒歩10分

【神田明神に施された四神の彫刻】

神田明神（東京）随神門の欄間の四周は、それぞれの方位に該当する四神の彫刻で飾られている。

北に玄武

楼門の北側を玄武が守護する。

随神門

西に白虎

楼門の西側を白虎が守護する。

東に青龍

楼門の東側を青龍が守護する。

南に朱雀

楼門の南側を朱雀が守護する。1998年に社殿の修復や塗り替えなどが行なわれた際、随神門の四神の彫刻も鮮やかな色彩へと塗り替えられた。

豆知識

江戸城南の門を「虎ノ門」と呼んだワケ

東京都港区の虎ノ門という地名は、江戸城南の門が「虎ノ門」と呼ばれていたことにちなむ。徳川家康のブレーンであった天海僧正が南門を白虎＝西に見立てることで、富士山を江戸の北を守る玄武に置き換えて江戸の町を四神相応の地とし、繁栄の礎を築こうとしたという説がある。

在りし日の江戸城虎ノ門（『広重画帖』より）。1874年に撤去された。

神社DATA

神田明神▶東京都千代田区外神田2-16-2／主祭神：大己貴命／創建：730年／交通：御茶ノ水駅より徒歩5分

聖天子のシンボル

鳳凰

主なご利益

五穀豊穣
天下泰平
招福

ココで会える

富岡八幡宮（東京）
大鳥神社（東京）

瑞祥をもたらす霊鳥

鳳凰《ほうおう》は、古代中国由来の瑞鳥である。くちばしはニワトリ、あごはツバメ、首はヘビ、前半身が麒麟《きりん》、後半身がシカ、背中はカメに似た外見で、オスを鳳、メスを凰という。古代中国では聖徳をそなえた天子が出現する兆しとされた。

日本には、飛鳥時代、仏教とともに伝来したと伝わる。古代中国同様、日本でも鳳凰を聖天子のシンボルと見なし、天皇にまつわる事物に鳳凰の名称がつけられた。天皇の乗る輿を鳳輦《ほうれん》と呼び、屋根の頂上に鳳凰の飾りがつけられているのはそのためである。これにちなみ、鳳輦を模した神輿の屋根には、しばしば鳳凰が飾られる。

【中国から伝わった鳳凰】

鳳凰は古代中国で生み出された霊鳥で、飛鳥時代に日本に伝来したと伝えられる。

中国由来の瑞鳥

古代中国で鳳凰は天子を象徴するめでたい鳥であるとされていたことから、日本でも瑞祥の文様であると考えられ、調度品や工芸品などの装飾として用いられた。

すべての鳥の長

古代中国では、鳳凰は龍、亀、麒麟とともに四霊のひとつとして崇められ、またあらゆる鳥を統率する鳥界の長だと考えられた。

天子の出現を知らせる

古代中国では、鳳凰が出現するとき、世に聖徳を持った天子が現われ、天下に泰平がもたらされると信じられた。

平等院鳳凰堂（京都）

神社DATA　**富岡八幡宮**▶東京都江東区富岡 1-20-3／主祭神：応神天皇／創建：1627年／交通：東西線門前仲町駅より徒歩3分

【神輿の屋根を彩る鳳凰】

神輿の屋根には鳳凰が飾られることがある。これは、天皇が乗る輿（鳳輦）に由来するものだという。

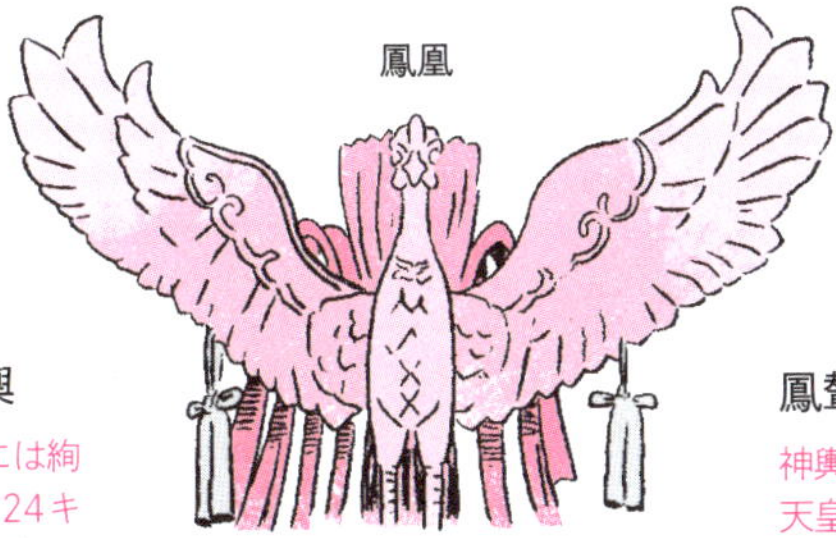

絢爛豪華な日本一の黄金神輿

富岡八幡宮（東京）には絢爛豪華な神輿がある。24キロの純金が使われ、屋根の鳳凰や中段の狛犬の目はダイヤモンドだ。高さ約4.4メートル、重量4.5トンで重すぎて担げないため、1997年に一回り小さな二ノ宮神輿がつくられた。

鳳輦を模した神輿

神輿の発祥は詳細不明だが、天皇が乗る輿「鳳輦」や、天皇・皇太子・妃が乗る「葱華輦（そうかれん）」が神々の乗り物として用いられるようになったと伝えられる。下図は東京行幸中の明治天皇。

【日本武尊由来の鳳凰紋】

大鳥神社（東京）の社伝によると、死後、ハクチョウとなって飛び立った日本武尊がこの地に現われたことから社殿を建立し、鳥明神として祀ったという。

神紋は鳳凰

大鳥神社の神紋は、鳳凰がかたどられている。祭神・日本武尊にちなむものだという。さい銭箱や手水舎の鉢など、様々なところで見ることができる。

江戸っ子に崇敬された鳥明神

室町時代に制作された『江戸図』には全部で９つの神社が掲載され、大鳥神社はそのうちの一社である。当時は「鳥明神」と呼ばれ、信仰を集めていた。

神社DATA　**大鳥神社**▶東京都目黒区下目黒3-1-2／主祭神：日本武尊／創建：806年／交通：山手線目黒駅より徒歩７分

水神に仕える妖怪

河童

様々な神性を見出した日本人

河童は川や池などに棲む妖怪の一種で、日本各地に河童伝承が残る。一般的には、頭に水をたたえた皿を乗せ、おかっぱ頭で、甲羅を背負い、手足に水かきを持つ姿で描かれることが多い。川遊びをする子どもの姿に水棲の動物の姿が重ね合わせられて河童像がつくられたとも、ニホンカワウソがモデルになったともいわれる。

水界を棲まいとすることから、水の神や水の神の使いと結びつけられることがある。実際、水天宮《すいてんぐう》（東京）では筑後川の河童を神使としている。また、河童が春と秋に山と川を移動すると考えられたことから、山の神、田の神として崇める地域もある。

主なご利益

安産
魔除け
厄除け

ココで会える

水天宮（東京）
手接神社（茨城）

【江戸時代に描かれた河童像】

古くから河童は日本人にとってなじみ深い妖怪であり、江戸時代には目撃された河童の姿を集めた書籍も刊行された。

甲羅を背負う

全身は青か緑色で、ウロコで覆われている。また、背にはカメのような甲羅を背負っている。

河童と人間の身近な関係

人間と相撲を取る、通行人を驚かせる、馬を水のなかに引き入れるなどの伝承が各地に残り、河童の存在が身近であった様子がうかがえる。

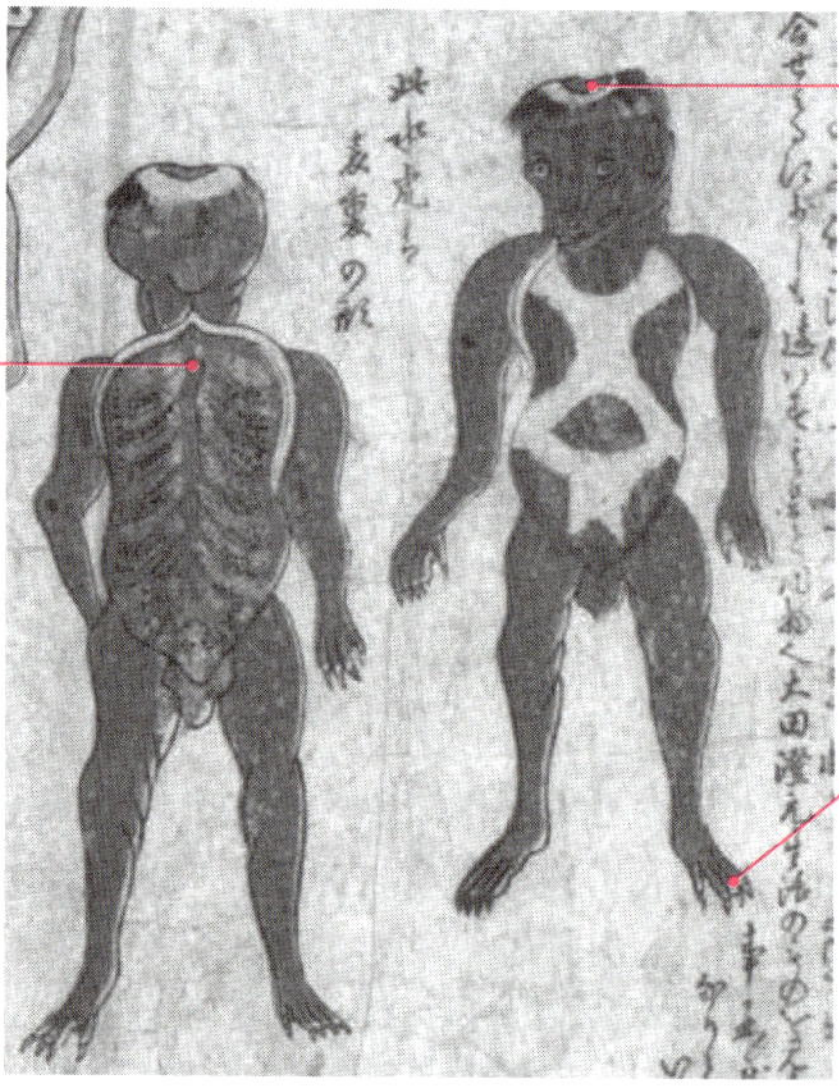

『水虎十二品之図』より

頭のお皿

髪型はおかっぱ頭で頭頂は皿状。皿には水をたたえ、乾くと死んでしまうといわれる。

水かきのついた手足

川や沼に棲息することから、手足には水かきがついており、巧みに泳ぐ。

神社DATA 水天宮▶東京都中央区日本橋蠣殻町2-4-1／主祭神：天御中主神／創建：1818年／交通：半蔵門線水天宮前駅より徒歩1分

【水天宮の神使は河童】

水天宮（東京）の使いは河童であり、境内には安産を司る河童像が安置されている。

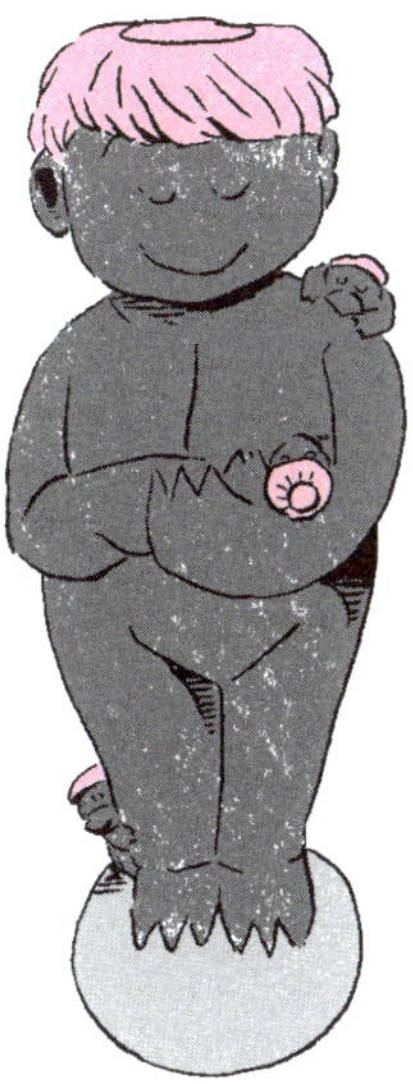

安産子育河童

母河童が3匹の赤子の河童の世話をしている親子像。柄杓で水をかけて祈願すると、安産のご利益があるという。

なぜ河童が使いに？

伝承によると、河童の一族が中国から海を渡って熊本へやってきたが、当時の領主・加藤清正によって追い返されてしまう。その後、改心することを条件として久留米藩の有馬氏から筑後川に棲むことが許され、水天宮の使いになったという。

かわいい河童の授与品

神使である河童にちなみ、境内では魔除けの河童や河童の土鈴（下写真）などの縁起物を授与している。

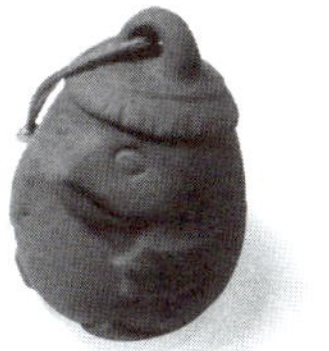

豆知識　河童の正体はカワウソ?

河童のモデルとなったのは、ニホンカワウソであるといわれる。カワウソは水かきのついた手足を持ち、川を巧みに泳ぎ、陸上に上がることもある。また、四国地方ではカワウソが人に悪さを働く伝承も残る。室町時代に成立した『下学集』にも「獺（かわうそ）老いて河童に成る」とあり、古くから河童の正体がカワウソと考えられていたことがわかる。

【河童の恩返し】

手接《てつぎ》神社（茨城）には、河童が領主に恩返しをした伝説が残る。

氏神となった七郎河童

芹沢村の領主が馬に乗って梶無川のほとりを歩いていると、河童が現われて馬の尾をつかんだ。領主が刀で河童の手を斬り落とし館へ戻ったその夜、手首のない河童が現れ、老母の世話ができないので、先祖から伝わる妙薬を教える代わりに手を返してほしいと言う。領主が手を返すと、その後、河童は毎日魚を2匹持ってくるようになった。だがある日、領主は沢で河童が死んでいるのを見つけた。河童を不憫に感じた領主は祠を建て、手接大明神としてねんごろに弔ったという。

神社DATA　手接神社▶茨城県小美玉市与沢1112／主祭神：罔象女命／創建：1481年／交通：関鉄グリーンバス「川戸入口」より徒歩4分

神社の動物にちなむお札やお守り

動物パワーをもらえる「授与品」

神社で頒布されるお札、お守り、人形、鈴、おみくじ、絵馬、ご朱印などは「授与品」といい、参拝のしるし、神々の力が宿るものとされている。祈念の込められた授与品は身近に置いておきたいものだからか、神の使いである動物の愛らしい姿を取り入れたものが増えている。

また、授与品は神社の鎮座する土地の伝統工芸で作られているものが多い。神様のご利益を授かるとともに、長く受け継がれている技術や意匠を味わうことができるという楽しみもある。後継者不足で廃絶してしまう授与品も多いので、気になるものは手に入れておこう。

イノシシのおみくじ

イノシシが神の使いの護王神社（p22）では、かわいいイノシシの形のおみくじを引くことができる。神社に奉納してもよし、持ち帰って家に飾ってもいい。

ねずみ除けのお札

八海山尊神社（新潟）に古くから伝わる「ねずみ除けのお札」は、かわいいネコが描かれて秘かな人気となっている。

お馬みくじ

上賀茂神社（p21）では、神の使いの馬にちなんだ木製の「お馬みくじ」を引くことができる。かわいく素朴な木製の馬の障泥（あおり）には神紋の葵が描かれている。

神馬みくじ

石切劔箭（いしきりつるぎや）神社（大阪）には競走馬が神馬として奉納された。それにちなんだ馬の人形がおみくじをくわえている「神馬みくじ」を引くことができ、かわいさが人気を呼んでいる。

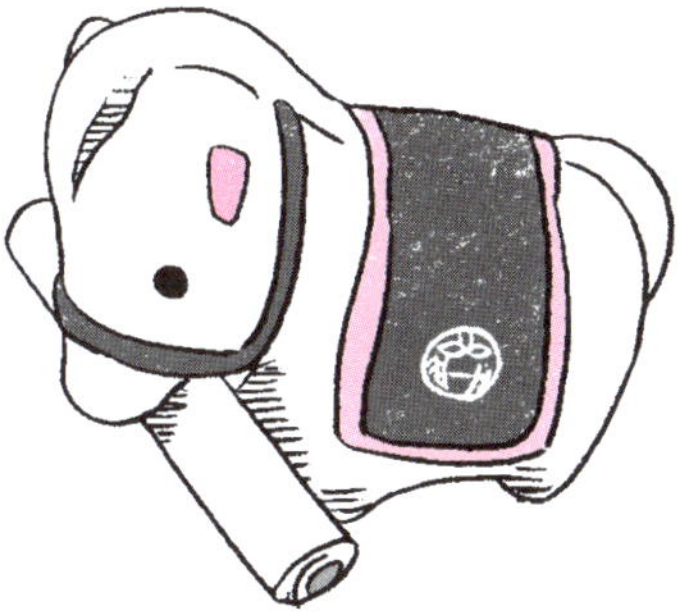

お守り犬

光明皇后の言い伝えにちなむ安産祈願の「お守り犬」は、法華寺（奈良）の尼僧が護摩供養の灰で成形して胡粉や雲母粉で着色する昔ながらの方法でひとつひとつ手作りされている。

子授けうさぎ

岡崎神社（京都）は野ウサギの生息地であったことからウサギが神使と伝えられ境内にたくさんのウサギ像が祀られている。安産・子授けのご利益があるとされる黒御影石のうさぎの人形「子授けうさぎ」などを頒布している。

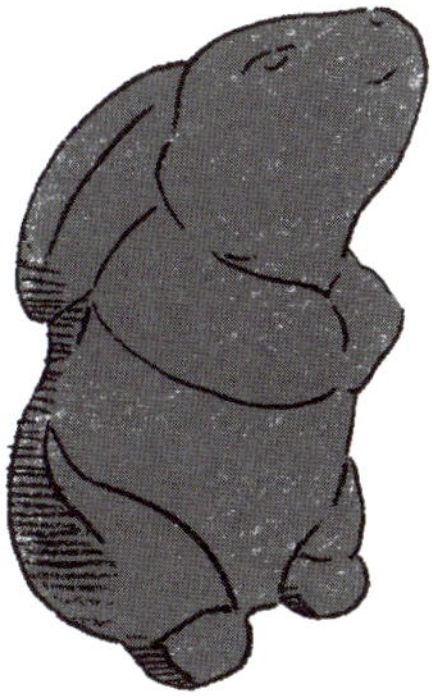

もっと知りたい！ 動物の話④

神鳩

三宅八幡宮（京都）ではお宮参りにつがいの鳩の土製の人形「神鳩（しんばと）」を授けてもらい、無事に成長したときにお礼としてお返しに来るというならわしがある。金色の首輪のあるほうがオスとされている。

ツルのご朱印

鶴岡八幡宮と並んで「関東三鶴」のひとつと呼ばれている鶴峯八幡宮（千葉）では、鶴の印が美しいご朱印をいただくことができる。

おたぬきさん

柳森神社（p36）では、「おたぬきさん」と呼ばれる小さくてかわいい親子狸の土人形がお守りとして頒布されていたが、現在は製造されていない。

アカエイの土鈴

廣田神社（大阪）ではアカエイが神使とされ、痔をはじめ難病悪疫の守り神として信仰されてきた。そのためアカエイの土鈴や絵馬などを授かることができる。

白鹿みくじ

2015～2016年に行なわれた春日大社（p18）の式年造替を記念して作られた授与品。春日大社の祭神・武甕槌神の使いのシカにちなんで、陶製の白鹿がおみくじをくわえている。

龍のご朱印

九頭竜川の守護神として創建され、パワースポットとして名高い毛谷黒龍（けやくろたつ）神社（福井）では、龍が描かれた珍しいご朱印をいただくことができる。

水を司る聖獣

龍

紅色から青色への変化

一般に、東洋における龍の起源は古代中国にあると伝わる。頭はラクダ、頭頂はヘビ、角はシカ、目はオニ、耳はウシ、鱗はコイ、爪はタカ、手はトラの姿をした聖獣であり、あらゆる動物の頂点に立つ存在である。

もともとは中国東北部の畑作地帯で信仰され、紅色をしていたという。それが中国南部の稲作地帯に伝播した際、川や池を司ったヘビと形が似ていたことから、ヘビに取って代わり、水神として崇められるようになったといわれる。それに伴い、体色も水に近い青色へと変化した。その龍が稲作文化とともに日本へ伝播したため、日本では水神として信仰している。

主なご利益

五穀豊穣
雨乞い
開運

ココで会える

九頭龍神社（神奈川）
田無神社（東京）
岩木山神社（青森）

【九頭龍神社の龍神水】

箱根神社（神奈川）の境内社・九《く》頭《ず》龍《りゅう》神社新宮に湧く龍神水は九頭龍神が守る霊水で、口に含むと一切の不浄が洗い清められると伝えられる。

九頭龍大神の霊水

昔、芦ノ湖には９つの頭を持つ毒龍がいた。箱根大神の神託を得た萬巻（まんがん）上人が湖中に石壇を築き祈祷を行なうと、毒龍は帰依し、芦ノ湖を守る龍神になったという。

誓願符を龍神水に流す

神社で授与される誓願符に願い事、なすべき事、名前を記し、龍神水に流すと、九頭龍大神のもとへ届くという。

神社DATA

九頭龍神社▶神奈川県足柄下郡箱根町元箱根防ヶ沢／主祭神：九頭龍大神／創建：孝昭天皇年間／交通：伊豆箱根バス「元箱根」より徒歩10分

【田無神社の五龍神】

田無神社（東京）には、金・黒・青・白・赤の五龍神が祀られている。この五龍神には五行思想に基づく方位が割り当てられ、それぞれの方角を守護するという。

北に黒龍神

北方を守護するのは黒龍神。水や雨を司り、健康増進や家内安全などのご利益があるといわれる。

東に青龍神

東方を守護する青龍神は樹木・風の守護神でもある。技芸向上、就業成就などのご利益がある。

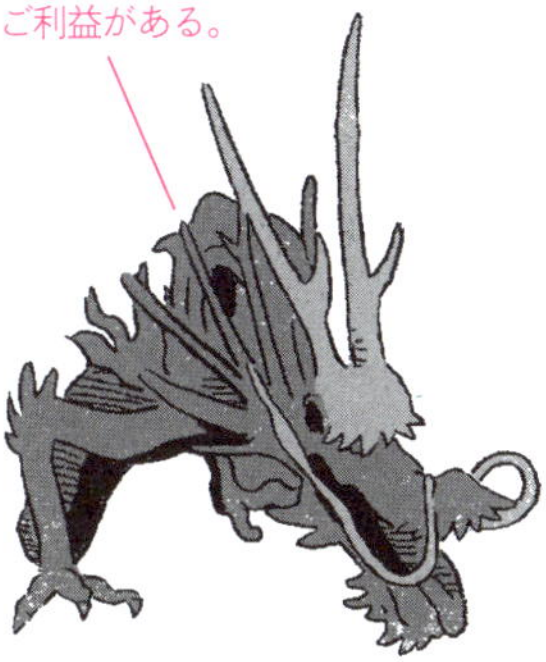

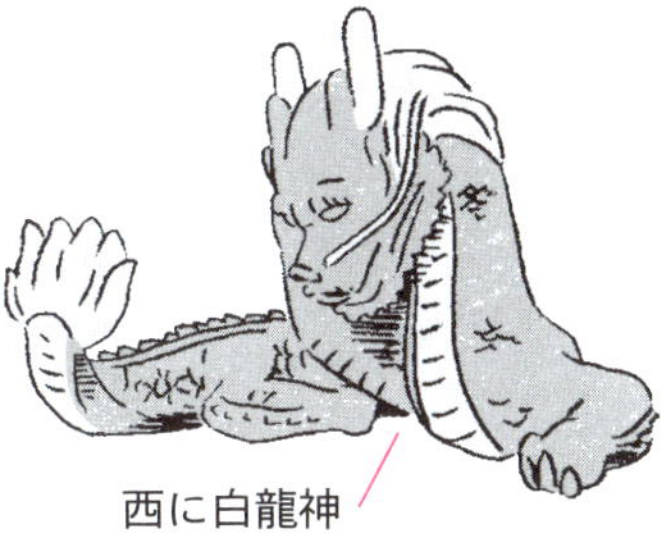

中央に金龍神

中央の本殿には金龍神が祀られる。大地・豊穣の守護神で、運気上昇、招福などのご利益がある。

西に白龍神

白龍神は西方を守護する。また金属の守護神でもあり、金運向上や良縁成就などのご利益がある。

豆知識 **五龍神守り**

境内では五龍神にまつわる授与品が頒布されている。自身の願いにあった龍を選ぶとよい。

南に赤龍神

南方を司るとともに、火の守護神・赤龍神。勝運、成績向上などのご利益がある。

【岩木山神社の双龍】

岩木山神社（青森）の本殿は、柱に龍が巻きつく珍しい形をしている。

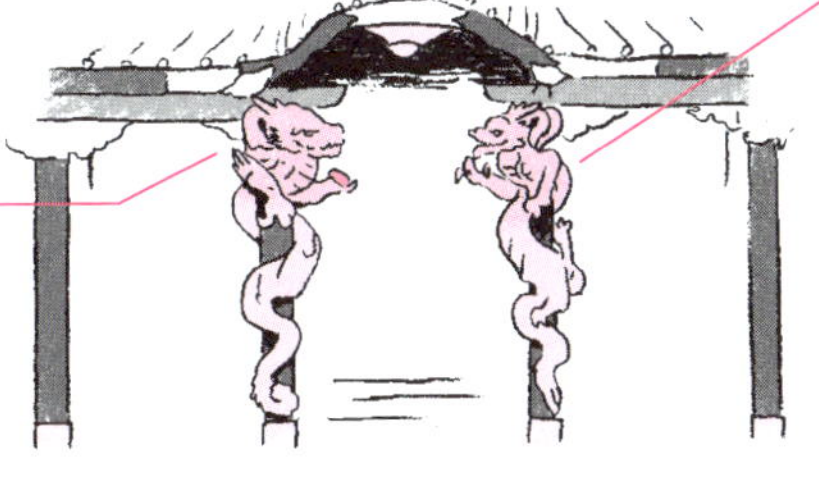

昇り龍

本殿向かって右の龍は天へ昇る姿の象徴で、神に願いを届けてくれるとされる。

降り龍

本殿向かって左の龍は天から舞い降りる様を表わし、願いを叶えてくれるとされる。

神社DATA

田無神社▶東京都西東京市田無町3-7-4／主祭神：大国主命／創建：正応年間／交通：西武新宿線田無駅より徒歩６分　**岩木山神社**▶青森県弘前市百沢字寺沢27／主祭神：顯國魂神／創建：780年／交通：弘南バス「岩木山神社前」からすぐ

善と悪を兼ね備えた神

鬼

人間の守護者としての性格

地獄の赤鬼、青鬼に代表されるように、鬼は古来、恐ろしい存在であると信仰されてきた。『出雲国風土記』にも、「一つ目の鬼が田で働く男をつかんで喰らった」という話が掲載されている。

一方で、人間の守護神としての性格を持つ鬼もいる。たとえば、鬼《き》神社（青森）には、鬼が農民に水田耕作の技術を教えたという伝承が残る。また、節分の際に「鬼は外」と言いながら豆を巻く風習が残るが、稲荷鬼《き》王《おう》神社（東京）や鬼《き》鎮《じん》神社（埼玉）では、「福は内、鬼は内」と唱える。これは、鬼を豊穣をもたらす春の神と捉えているためである。

主なご利益

魔除け
戦勝
五穀豊穣

ココで会える

稲荷鬼王神社（東京）
鬼鎮神社（埼玉）
鬼神社（青森）

【稲荷鬼王神社の水鉢を支える鬼】

稲荷鬼王神社（東京）には、水鉢を乗せられた不可思議な鬼像が存在する。

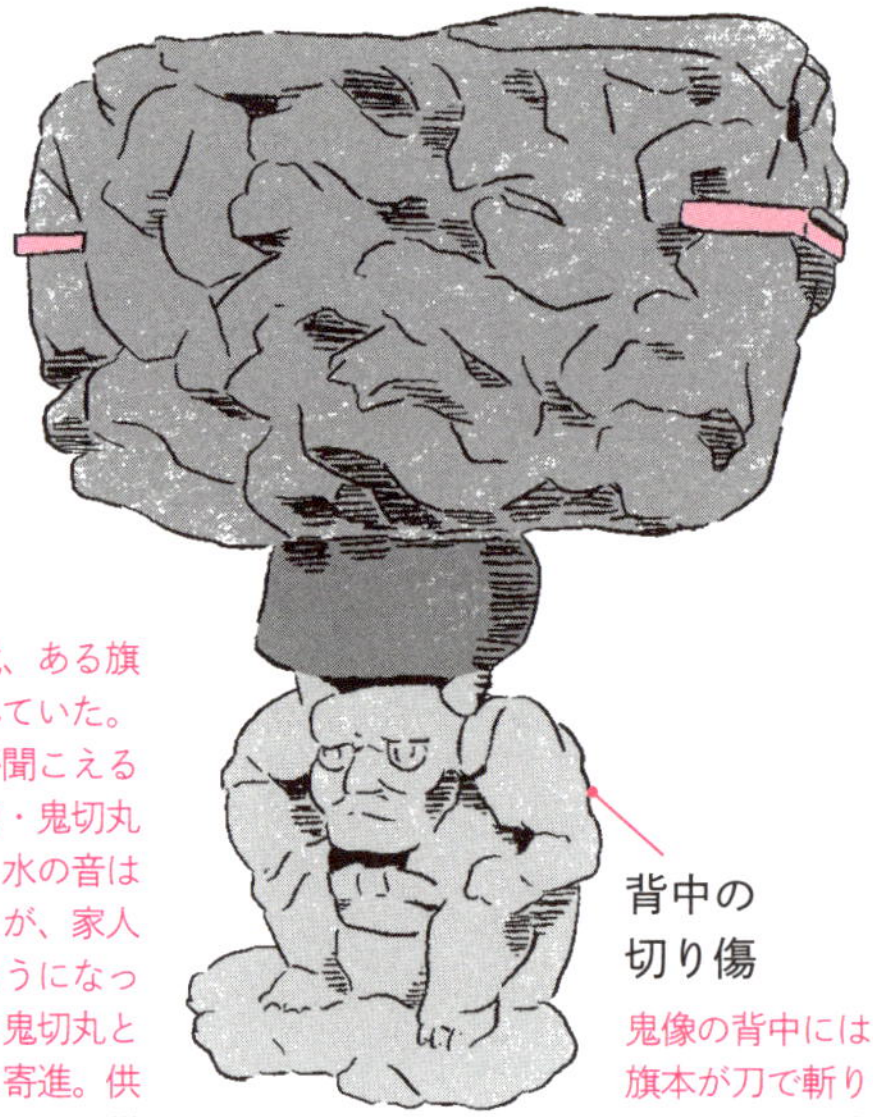

水鉢に起きた怪奇現象

この像は江戸時代、ある旗本の屋敷に置かれていた。夜毎、水浴の音が聞こえるため、旗本が名刀・鬼切丸で斬りつけると、水の音は聞こえなくなったが、家人に災いが起こるようになった。旗本は水鉢を鬼切丸とともに鬼王神社に寄進。供養してもらったところ、災難は収まったと伝えられる。

背中の切り傷

鬼像の背中には、旗本が刀で斬りつけたと伝わる痕がしっかりと残る。

Point 鬼の授与品

境内では宮司がデザインした鬼の土鈴を頒布している。赤鬼、青鬼の2種類があり、魔除け、厄除けなどのご利益がある。

神社DATA
稲荷鬼王神社▶東京都新宿区歌舞伎町2-17-5／主祭神：宇賀能御魂命／創建：1653年／交通：東新宿駅より徒歩3分

【罰を与えられた鬼】

東大寺戒壇院（奈良）、浅草寺（東京）、東寺（京都）などで、四天王が邪鬼を踏みつけている像を見ることができる。四天王は国家安穏、五穀豊穣を願い信仰されている。

イメージの変遷

もともと鬼は目には見えない超自然的存在だったが、仏教や民間信仰による鬼像が習合し、現在の鬼のイメージがつくられた。

四天王に踏まれる鬼

仏教の四天王、持国天・増長天・広目天・多聞天は像で表わされるときは、武装した姿で邪鬼を踏みつける形が一般的。

邪鬼

仏法を犯す邪神を邪鬼という。人間の欲望の現われであるともされ、しばしば懲らしめられた姿で造形される。

村人に耕作を教えた鬼

Close up!

鬼は恐ろしい存在だけではなく人間に恵みをもたらすものもあった。鬼神社には、村人に水田耕作の技術を教え、村の発展に寄与した鬼の伝説が残る。鬼神社の扁額に記された鬼の字に角がないのは、祭神が心優しい鬼であるためだ。

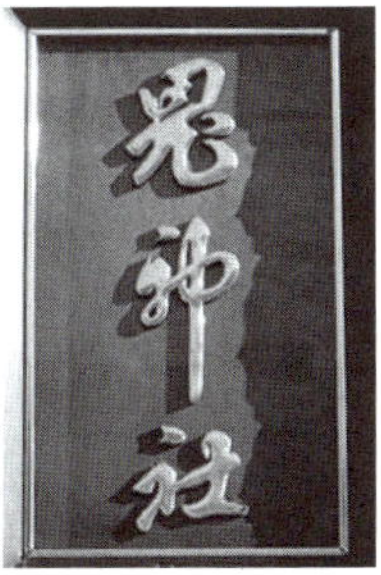

【鬼を祀る鬼鎮神社】

鬼鎮神社（埼玉）では、鬼を神様として祀っている。

鬼を崇める民間信仰

中世、武将・畠山重忠がここに菅谷館を築いた際、鬼門除けとして鬼を祀る鬼鎮神社を建立したという。また、日本武尊がこの地を通った際に東征を邪魔した鬼たちを退治したが、祟られないように、鬼を祀った社を建立したともいわれる。

神社DATA

鬼鎮神社▶埼玉県比企郡嵐山町川島1898／主祭神：衝立船戸大神／創建：1182年／交通：東武鉄道東上本線武蔵嵐山駅より徒歩15分　**鬼神社**▶青森県弘前市鬼沢菖蒲沢151／主祭神：高照比女神／創建：不詳／交通：弘南バス「鬼沢」より徒歩6分

山岳信仰から生まれた神使

天狗

主なご利益

火除け
厄難消除
招福

ココで会える

古峯神社（栃木）
秋葉山本宮秋葉神社（静岡）
大杉神社（茨城）

神通力を持つ山の神の使い

天狗は、山の神の使いであると考えられている。深山幽谷に棲み、羽や羽団扇で自由に空を飛んで山々を行き来し、神通力を持つと信じられたことから、そのような信仰が生まれたのだろう。

天狗を祀る神社の多くは、やはり山岳信仰との関わりが深い。たとえば標高700メートルの古峯ヶ原《こぶがはら》に鎮座する古峯《ふるみね》神社（栃木）は日光修験の拠点のひとつであり、そこから天狗信仰が生まれたという。

また、世間に認められずに恨みの深いものや、悪い心に執着する者などは、天狗道と呼ばれる魔界に堕ちると信じられた。

【古峯神社の使い・天狗】

古峯神社（栃木）は「天狗の社」とも呼ばれており、神使である天狗にちなんだ像がそこかしこに祀られている。

烏天狗

猛禽類のようなくちばし、黒い羽を持つ天狗を、烏天狗（からすてんぐ）という。山に棲むワシやタカなどの造形が反映されたものだと見られている。

大天狗

一般的な天狗よりも鼻が高く、顔が赤いという特徴を持つ。また、天狗のなかでもっとも神通力が強いとされる。

神社DATA　古峯神社▶栃木県鹿沼市草久3027／主祭神：日本武尊／創建：不詳／交通：リーバス「古峯原神社」からすぐ

【烏天狗姿で表わされる秋葉三尺坊大権現】

秋葉山本宮秋葉神社（静岡）の祭神・火之迦具土大神は神仏習合時代、秋葉三尺坊大権現と習合。秋葉三尺坊大権現の正体は、天狗となった修験者であるという。

秋葉三尺坊大権現とは？

平安時代中期の修験者・三尺坊は越後蔵王権現で修行をして神通力を得、天狗になったと伝えられる。そのためその姿は、しばしばくちばしと翼を持った烏天狗として表わされる。

背には炎

火の神の使いであることから、火炎を背負った姿で表わされる。

白狐

秋葉三尺坊大権現の乗り物は、白い狐であると考えられた。これは、神通力を得て天狗となった三尺坊のもとにどこからか白狐が現われ、それに乗って秋葉山に降臨したという伝説にちなむという。

天狗は修験者?

豆知識

一般に天狗が山伏の格好をしているのは、中世、霊山で激しい修行に励み、常人とは異なる法力を得た修験者を、在野の人々が天狗と見なしたためだとされる。

『狂歌倭人物』より

【大杉神社と天狗】

大杉神社（茨城）の使い・天狗は、鎌倉時代に社僧をつとめていた常陸坊海存《ひたちぼうかいそん》であると伝えられる。その容貌が天狗に似ており、また数々の奇跡を起こして人々を救ったことから、いつしか海存は天狗であると考えられたのだという。

かない天狗

神社の使いのうち、烏天狗は「かない天狗」と呼ばれ、願いを叶えてくれるといわれる。

ねがい天狗

神社の使いのうち、鼻高天狗は「ねがい天狗」と呼ばれ、願いを祭神に届けてくれるという。

神社DATA

秋葉山本宮秋葉神社▶静岡県浜松市天竜区春野町領家841／主祭神：火之迦具土大神／創建：不詳／交通：遠鉄バス「秋葉神社」からすぐ　**大杉神社**▶茨城県稲敷市阿波958／主祭神：倭大物主櫛甕玉大神／創建：不詳／交通：無料シャトルバス「大杉神社」からすぐ

不気味な声で人々を怯えさせた怪鳥

鵺

主なご利益

厄除け
魔除け

ココで会える

鵺大明神（京都）

鳴き声から生まれた怪異談

古代中国で怪鳥と呼ばれた鵺《ぬえ》は、日本でも災厄をもたらす鳥と考えられた。夜に鳴く声が不気味であったためだという。鵺の声は凶兆であるともされ、鳴き声を聞いてしまったら物忌みをして凶事を避けたという記録も残る。怪鳥であるがゆえに、「歌などに詠むべからず」（『八雲《やくも》御抄《みしょう》』）とも言われた。

『平家物語』には、夜な夜な京に現われる鵺におびえた近衛《このえ》天皇が病に伏せってしまったため、源頼政《みなもとのよりまさ》に命じて退治させたという話が伝わる。このときに頼政が退治した鵺を祀った神社が鵺大明神（京都）で、鵺退治のときに使った矢は神明《しんめい》神社（京都）の社宝として保管されている。

【古代の都を震撼させた怪鳥】

鵺は『古事記』中の歌に詠まれるなど、古くから知られた鳥だった。平安時代には怪鳥として様々な怪異譚を生んだ。

怪鳥・鵺

江戸時代の図譜によると、鵺は頭がサル、胴体がタヌキ、足はトラ、尾はヘビの姿をしていたという。様々な動物像が組み合わされて生み出された妖怪であると考えられている。

『木曽街道六十九次』より
「京都　鵺　大尾」

災厄をもたらす鳥

鵺が鳴いたことを記す書は『殿暦』『明月記』『玉蘂』など様々あるが、いずれも不吉な出来事であると見なされている。

神社DATA

鵺大明神▶京都府京都市上京区主税町964／主祭神：鵺大明神／創建：不詳／交通：市バス「丸田町知恵光院」より徒歩5分

【鵺を祀る鵺大明神】

鵺大明神は、『平家物語』で源頼政が倒した鵺を祀る。平安時代末期、頼政は近衛天皇を苦しめていた鵺を退治。鵺の遺体は賀茂川へ流され、大阪で葬られたという。

源頼政の鵺退治

大阪市都島区には、鵺を弔ったとされる鵺塚が残る。

鵺大明神

鵺大明神は1929年に建立された。その後、2005年に鵺池が復元され、鵺にまつわるスポットが完成した。

豆知識 **鵺はトラツグミだった?**

『平家物語』の怪物は、声が鵺に似ているだけで正体は謎だった。後世、鵺=怪物と誤解された。この鵺は「トラツグミ」であると考えられている。トラツグミは夜に悲しく不気味な声で鳴くので、古代の人々は怪物と見なしたのだろうといわれる。

【長命寺に祀られる鵺退治像】

長命寺（兵庫）には、源頼政の鵺退治を再現した像がある。鵺をかたどった像が見られるのは、全国でここだけだ。

全国で唯一の鵺像

長命寺周辺が頼政の所領だったことにちなみ、現在この一帯は「頼政公ゆかりの里」として整備されている。境内には鵺退治の像のほか鵺退治を描いた絵馬や頼政を祀る墓などもある。

沖縄に伝わった魔除けの霊獣

シーサー

主なご利益
厄除け
魔除け
招福

ココで会える
波上宮（沖縄）
宮古神社（沖縄）

中国伝来の獅子像

沖縄の神社のなかには、狛犬ならぬ「狛シーサー」が出迎えてくれるところがある。魔除けの獅子像である。沖縄に中国から獅子像が伝来したのは、14世紀頃のことだといわれる。本土における狛犬とは異なり、沖縄語で獅子を意味する「シーサー」と呼ばれるようになった。

狛犬同様、当初は王宮の調度品として扱われたが、やがて森の奥に神が降臨するという御嶽信仰と結びつき、聖域の守護者になったと伝わる。民家の屋根に置かれるようになったのは、瓦屋根が普及した明治以降のことである。現在は、鉄筋コンクリート造の家屋の増加に伴い、門柱に置かれるのが一般的となっている。

【王家の調度品だったシーサー】

中国経由で沖縄へ伝わった獅子像は、当初は王宮を守護する霊獣として扱われた。

中国経由で伝来

14世紀頃、日本の内地経由ではなく、中国から直接沖縄に獅子像が伝播したと考えられている。

王家の調度品から農村へ

古い時代につくられた獅子像の多くが首里城に残ることから、当初、獅子像は王宮を守護する調度品として使われていたと考えられている。その後、魔除けの像として農村に伝わり、一般庶民にも広く信仰されるようになったという。

波上宮▶沖縄県那覇市若狭1-25-11／主祭神：伊弉冉尊／創建：不詳／交通：ゆいレール旭橋駅より徒歩15分

【波上宮の狛シーサー】

海際の崖上に鎮座する波上宮《なみのうえぐう》（沖縄）では、狛犬ではなく狛シーサーが神社を守護している。

狛シーサー

口を開いた像はオスで、悪霊を追い払う。口を閉じた像はメスで、幸福を呼び込むといわれる。全社殿の復興が完了した1993年に奉納された。

悪霊を追い祓う

シーサーは狛犬同様、邪気を祓う力がある。また、火災除けとしても信仰を集める。

【宮古神社の狛シーサー】

宮古島に鎮座する宮古神社（沖縄）は日本最南端の神社であるという。境内にはやはりシーサーが置かれ、神社を守護している。

旧宮古神社時代の狛シーサー

2010年に完成した新社殿にあって、狛シーサーのみ年季が入った造形をしている。これは、旧宮古神社時代の1980年に奉納されたものを遷したためである。

豆知識　江戸期につくられた最古のシーサー

沖縄に現存する最古のシーサーは、八重瀬町富盛にある「富盛の石彫大獅子」とされる。1689年、不審火に悩んでいた富盛村の人々が久米村の蔡応瑞に占ってもらったところ、八重瀬岳に向けて獅子を建てるよう言われ設置したと伝わる。第二次世界大戦時、米軍がこのシーサーを弾除けに使ったため弾痕が残る。

神社DATA　**宮古神社**▶沖縄県宮古島市平良西里5-1／主祭神：伊弉冉大神／創建：1590年／交通：宮古協栄バス「市役所前」より徒歩5分

さくいん

【取材協力】

大國魂神社／出雲大社／二見興玉神社／千葉県香取市生涯学習課／早吸日女神社／金刀比羅宮／伏見稲荷大社／王子稲荷神社／日吉大社／日枝神社／北野天満宮／牛嶋神社／春日大社／新小岩厄除香取神社／新宿諏訪神社／貴船神社／神田明神／藤森神社／護王神社／武蔵御嶽神社／大豊神社／戸部杉山神社／調神社／住吉大社／大神神社／二見興玉神社／水天宮／出雲大社／松尾大社／大江神社／有明山神社／豊玉姫神社／西宮神社／柳原蛭子神社／高良大社／静岡浅間神社／雉子神社／田島御嶽神社／浅草神社／鬼鎮神社／鬼王神社／五條天神社／波上宮

【主な参考文献】

『日本史小百科　神社』岡田米夫、『日本史のなかの動物事典』金子浩昌、小西正泰ほか、『魚の事典』能勢幸雄監修（以上、東京堂出版）／『日本全国獅子・狛犬ものがたり』上杉千郷、『社寺縁起伝説辞典』志村有弘、奥山芳広編（以上、戎光祥出版）／『動物信仰事典』芦田正次郎（北辰堂）／『日本の神社大全』（デアゴスティーニ）／『資料日本動物史』梶島孝雄、『伊勢参宮』宮本常一、『世界動物神話』篠田知和基、『龍の文明史』保田喜憲編（以上、八坂書房）／『日本人と動物の歴史①家畜』『日本人と動物の歴史②野生動物』『日本人と動物の歴史③鳥』小宮輝之（以上、ゆまに書房）／『ニッポンのおみくじ』鏑木麻矢（グラフィック社）／『人と動物の日本史4　信仰のなかの動物たち』中村生雄、三浦佑之編、『京都古社寺辞典』、『神道史大辞典』薗田稔、橋本政宣編、『事典神社の歴史と祭り』岡田荘司、笹生衛（以上、吉川弘文館）／『決定版京都の寺社を歩く５０５上』『決定版京都の寺社を歩く５０５下』山折哲雄監修、槇野修、『「日本の神さま」おもしろ小事典』久保田裕道（以上、ＰＨＰ研究所）／『古社巡拝』上田正昭、『松尾大社』松尾大社編（以上、学生社）／『日本人の動物観』中村禎里（星雲社）／『願いがかなう小さな神様にほんのお守り』中津川昌弘（徳間書店）／『動物よもやま話』堀内昭、高橋知義（聖公会出版）／『神々が集う地へ　出雲大社』中島隆広（青林堂）／『宮司が語る御由緒三十話　春日大社のすべて』花山院弘匡（中央公論新社）／『歩いてめぐる春日大社』春日大社編（扶桑社）／『絵馬』岩井宏実、『白鳥』赤羽正春（以上、法政大学出版局）／『神道宗教』（神道宗教学会）／『狛犬探訪　埼玉の阿・吽たち』久保田和幸（さきたま出版会）／『ビジュアル神社総覧　全国一の宮めぐり』薗田稔監修、『日本の神々神徳由来事典』三橋健編著（以上、学研パブリッシング）／『図説社寺建築の彫刻』高藤晴俊（東京美術）／『江戸の神社・お寺を歩く　城西編』『江戸の神社・お寺を歩く　城東編』黒田涼（祥伝社）／『日本幻獣図説』湯本豪一、『図説日本の妖怪』岩井宏實監修（以上、河出書房新社）／『ニホンカワウソの記録』宮本春樹（創風社出版）／『猪の文化史　考古編』新津健、『アジアの龍蛇』アジア民族造形文化研究所編（以上、雄山閣）／『三峯、いのちの聖地』中山高嶺（ＭＯＫＵ選書）／『鵜戸さん　その信仰と伝承』本部雅裕（鉱脈社）／『福岡県の神社』アクロス福岡文化誌編纂委員会編（海鳥社）／『タヌキ学入門』高槻成紀（誠文堂新光社）／『ゾウの知恵』田谷一善編著（ＳＰＰ出版）／『神使になった動物たち』福田博通（新協出版社）／『神様になった動物たち』戸部民夫（大和書房）／『出雲大社』千家和比古、松本岩雄編（柊風舎）／『日本の神々と祭り』（国立歴史民俗博物館）／『魚の科学事典』谷内透編（朝倉書店）／『図説魚と貝の大事典』望月賢二監修、『日本神祇由来事典』川口謙二編著（以上、柏書房）／『かえる』高山ビッキ（山と渓谷社）／『47都道府県寺社信仰百科』中山和久（丸善出版）／『西郊民俗』田中新次郎（西郊民俗談話会）／『身近な鳥のすごい事典』細川博昭（イースト・プレス）／『猛禽探訪記』太田眞也（弦書房）／『二万年の奇跡を生きた鳥ライチョウ』中村浩志（農山漁村文化協会）／『知っているようで知らない鳥の話』細川博昭（ソフトバンククリエイティブ）／『図解雑学日本の妖怪』小松和彦編著（ナツメ社）／『カラスの教科書』松原始（雷鳥社）／『身近な鳥の生活図鑑』三上修（筑摩書房）

※その他、各神社のＨＰを参考にさせていただきました。

監修：茂木貞純（もてぎ・さだすみ）

埼玉県熊谷市生まれ。昭和49年、國學院大學文学部神道学科卒業。昭和55年、同大学院博士課程神道学専攻修了。現在、國學院大學神道文化学部教授、神道宗教学会理事、日本マナー・プロトコール協会理事、熊谷市古宮神社宮司。主な著書に『日本語と神道』（講談社）、『神道と祭りの伝統』（神社新報社）、『知識ゼロからの伊勢神宮入門』（幻冬舎）などがある。

編集協力　オフィス・エス
イラスト　鈴木みの理
デザイン　平塚兼右／平塚恵美（PiDEZA Inc.）
本文組版　矢口なな／新井良子（PiDEZA Inc.）

神《じん》社《じゃ》のどうぶつ図《ず》鑑《かん》

監修　茂木《もてぎ》貞純《さだすみ》
発行所　株式会社 二見書房
東京都千代田区神田三崎町2―18―11
電話　03（3515）2311［営業］
03（3515）2313［編集］
振替　00170―4―2639
印刷　株式会社 堀内印刷所
製本　株式会社 村上製本所

落丁・乱丁本はお取り替えいたします。定価は、カバーに表示してあります。

ISBN978-4-576-18171-4
https://www.futami.co.jp/